U0683145

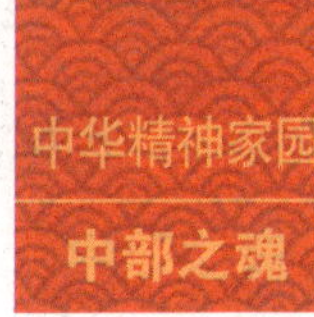

冰雪关东

关东文化特色与形态

肖东发 主编　高宇飞 编著

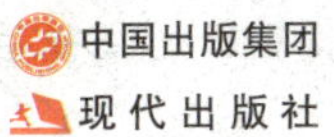

图书在版编目（CIP）数据

冰雪关东：关东文化特色与形态 / 高宇飞编著. —
北京：现代出版社，2014.5（2021.7重印）
ISBN 978-7-5143-2432-7

Ⅰ. ①冰… Ⅱ. ①高… Ⅲ. ①地方文化－研究－东北地区 Ⅳ. ①G127.3

中国版本图书馆CIP数据核字(2014)第085161号

冰雪关东：关东文化特色与形态

主　　编：肖东发
作　　者：高宇飞
责任编辑：王敬一
出版发行：现代出版社
通信地址：北京市定安门外安华里504号
邮政编码：100011
电　　话：010-64267325 64245264（传真）
网　　址：www.1980xd.com
电子邮箱：xiandai@cnpitc.com.cn
印　　刷：三河市嵩川印刷有限公司
开　　本：710mm×1000mm　1/16
印　　张：11
版　　次：2015年4月第1版　　2021年7月第3次印刷
书　　号：ISBN 978-7-5143-2432-7
定　　价：40.00元

党的十八大报告指出："文化是民族的血脉，是人民的精神家园。全面建成小康社会，实现中华民族伟大复兴，必须推动社会主义文化大发展大繁荣，兴起社会主义文化建设新高潮，提高国家文化软实力，发挥文化引领风尚、教育人民、服务社会、推动发展的作用。"

我国经过改革开放的历程，推进了民族振兴、国家富强、人民幸福的中国梦，推进了伟大复兴的历史进程。文化是立国之根，实现中国梦也是我国文化实现伟大复兴的过程，并最终体现为文化的发展繁荣。习近平指出，博大精深的中国优秀传统文化是我们在世界文化激荡中站稳脚跟的根基。中华文化源远流长，积淀着中华民族最深层的精神追求，代表着中华民族独特的精神标识，为中华民族生生不息、发展壮大提供了丰厚滋养。我们要认识中华文化的独特创造、价值理念、鲜明特色，增强文化自信和价值自信。

如今，我们正处在改革开放攻坚和经济发展的转型时期，面对世界各国形形色色的文化现象，面对各种眼花缭乱的现代传媒，我们要坚持文化自信，古为今用、洋为中用、推陈出新，有鉴别地加以对待，有扬弃地予以继承，传承和升华中华优秀传统文化，发展中国特色社会主义文化，增强国家文化软实力。

浩浩历史长河，熊熊文明薪火，中华文化源远流长，滚滚黄河、滔滔长江，是最直接的源头，这两大文化浪涛经过千百年冲刷洗礼和不断交流、融合以及沉淀，最终形成了求同存异、兼收并蓄的辉煌灿烂的中华文明，也是世界上唯一绵延不绝而从没中断的古老文化，并始终充满了生机与活力。

中华文化曾是东方文化摇篮，也是推动世界文明不断前行的动力之一。早在500年前，中华文化的四大发明催生了欧洲文艺复兴运动和地理大发现。中国四大发明先后传到西方，对于促进西方工业社会的形成和发展，曾起到了重要作用。

中华文化的力量，已经深深熔铸到我们的生命力、创造力和凝聚力中，是我们民族的基因。中华民族的精神，也已深深植根于绵延数千年的优秀文化传统之中，是我们的精神家园。

总之，中华文化博大精深，是中国各族人民五千年来创造、传承下来的物质文明和精神文明的总和，其内容包罗万象，浩若星汉，具有很强的文化纵深，蕴含丰富宝藏。我们要实现中华文化伟大复兴，首先要站在传统文化前沿，薪火相传，一脉相承，弘扬和发展五千年来优秀的、光明的、先进的、科学的、文明的和自豪的文化现象，融合古今中外一切文化精华，构建具有中国特色的现代民族文化，向世界和未来展示中华民族的文化力量、文化价值、文化形态与文化风采。

为此，在有关专家指导下，我们收集整理了大量古今资料和最新研究成果，特别编撰了本套大型书系。主要包括独具特色的语言文字、浩如烟海的文化典籍、名扬世界的科技工艺、异彩纷呈的文学艺术、充满智慧的中国哲学、完备而深刻的伦理道德、古风古韵的建筑遗存、深具内涵的自然名胜、悠久传承的历史文明，还有各具特色又相互交融的地域文化和民族文化等，充分显示了中华民族的厚重文化底蕴和强大民族凝聚力，具有极强的系统性、广博性和规模性。

本套书系的特点是全景展现，纵横捭阖，内容采取讲故事的方式进行叙述，语言通俗，明白晓畅，图文并茂，形象直观，古风古韵，格调高雅，具有很强的可读性、欣赏性、知识性和延伸性，能够让广大读者全面接触和感受中国文化的丰富内涵，增强中华儿女民族自尊心和文化自豪感，并能很好继承和弘扬中国文化，创造未来中国特色的先进民族文化。

2014年4月18日

文明开化——古老历史

守护之魂——关东拾英

文化底蕴——艺苑民风

古老历史

关东指辽宁、吉林、黑龙江、内蒙古等北方地区，地处我国东北方，自古以来就泛称“东北”，明代以后俗称“关东”，泛指山海关以东地区。

关东地区是中华文化发源地之一，其文化主体是肃慎族系文化和中原文化融合的结果，同时兼收并蓄了北方游牧民族的文化特点。因此，关东文化是一种多元化的文化形态。

关东地区原始人类活动遗址十分普遍，旧石器早期遗址遍布辽河、松花江流域。至周代，肃慎、濊貊、东胡等民族繁衍生息在这块广袤黑土地上，孕育了丰厚的古老文化。

丰富的旧石器文化遗址

在黑龙江省右岸塔河境内的呼玛十八站有一处旧石器晚期遗址，在辽东半岛的复县有一处古龙山洞文化遗址，在这广阔的东北大地上，到处都留有东北土著先民原始群体活动的足迹。

在旧石器早期，辽宁省本溪地区就生活着庙后山人，庙后山人与“北京猿人”是同属于旧石器早期的晚期猿人。

旧石器时代生活场景

庙后山人是东北早期直立人的代表，也是东北地区发现时代最早的旧石器早期文化遗址。庙后山位于辽宁省本溪中部，南距太子河支流汤河500米左右，古人类遗址在山坡南麓距地面约30米的石灰岩洞穴中，洞口向南，洞高5米。在此发现了一颗残缺一角的古人类牙齿化石。

打制石器的原始人

在旧石器中期，在辽宁省营口永安西田村一带，生活着金牛山人，他们在距今20多万年以前，就活跃于东北南部地区，适应了较为复杂的生活环境。

在二三十万年前至五万年前左右，即旧石器时代的中期，就是早期智人阶段。金牛山人和喀左的鸽子洞人是这个时期东北古人类的主要代表。

他们已由直立人进化为了早期智人，建立了以血族群婚为基础的血缘家族。金牛山人和鸽子洞人的后期，更为进步的族外群婚开始出现，并逐渐发展巩固了下来，这为向氏族社会的过渡奠定了基础。

鸽子洞遗址位于辽宁省西部山区大凌河上游的西岸，是一处天然溶洞。在这遗址内出土了300余件旧石器，有丰富的用火痕迹和30余种哺乳动物化石，还有一颗相当完整的小孩第二下前臼齿。据推断，鸽子洞人约为15万年前后的古人类。

在旧石器的晚期，在吉林省安图明月镇与榆树周家油坊一带，就分别生活着安图人、榆树人。在黑龙江省哈尔滨西南郊阎家岗地区，生活着哈尔滨人。

在东北地区，还有辽宁省海城仙人洞、大凌河畔鸽子洞等30余处旧石器文化遗址。这些东北地区的古

北京猿人 正式名称为“中国猿人北京种”，在科学上常称之为“北京直立人”，生活在距今大约70万年。遗址发现地位于北京西南房山周口店龙骨山。颧骨较高，脑量平均仅1075毫升。身材粗短，男性高约1.56米至1.57米；女性约1.44米。腿短臂长，头部前倾。

原始人在狩猎

人类，基本代表了人类起源与进化过程中直立人、早期智人和晚期智人三大发展阶段。

从50000年前至10000年前，这个时期为旧石器时代晚期，东北的古人类便处于母系氏族社会的早期阶段。社会经济生活和物质文化有了相当显著的发展，突出表现为压制石器、锥形陶器、磨制骨器、装饰品等具有时代特征的生产工具和生活用具已经出现了。

辽宁海城仙人洞遗址出土了一些钻孔兽牙装饰品。由于生产工具的进步，人们掌握了兽骨的钻孔技术，并且在获取生活资料的必要劳动之外，开始有了一定的剩余时间用来生产装饰品。

装饰品的出现，标志着人类意识的发展和对美的欣赏观念的提高，因而创造了粗犷的原始艺术作品。

在这一时期，一些古人类继续利用天然山洞，保持着穴居状态，更多的人类家族则走出洞穴，开始生

母系氏族社会

在距今20万年至30万年前，我国历史便由旧石器时代早期的直立人阶段进入旧石器中、晚期的智人、新人阶段，血缘家族公社组织也渐变为母系氏族公社组织。母系氏族制度的世系按母亲的血缘计算。妇女在生产、生活中起主导作用，她们既是生活的组织者，又是氏族的管理者。

活于山坡或河谷台地了。如扎赉诺尔遗址位于前哨化的蘑菇山山坡上，哈尔滨附近的一系列遗址都分布于松花江的阶地上。

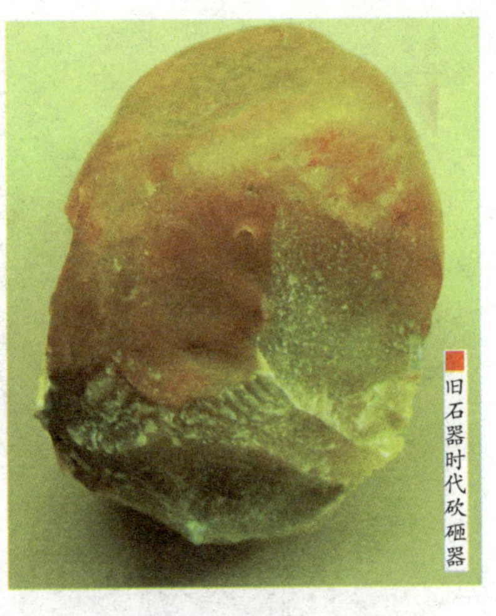
旧石器时代砍砸器

原始人按照自己意愿选择更宜于获取生活资料和靠近水源的地方，并自己动手建造简陋的居址或房屋。人类开始了半定居生活，除采集、狩猎之外，捕鱼业也开始成为原始人生活资料的重要来源之一了。

海城仙人洞遗址中出土了一件骨制鱼叉，这说明捕鱼业在东北古人类生活中开始占有重要的地位。

在这时期，原始群向原始氏族的转化初步完成，男女之间的自然分工也随之转化为社会的劳动分工，于是氏族出现了，私有制由萌芽而产生。这个时期，是东北古人类蓬勃发展的繁荣时代，是他们进行规模空前的大迁徙、大远征的时代。

辽宁省葫芦岛市设县治开始于清光绪年间，始称江家屯抚民厅治所置于江家屯，后来迁至连山。从这里发掘的文物、遗址、遗物证

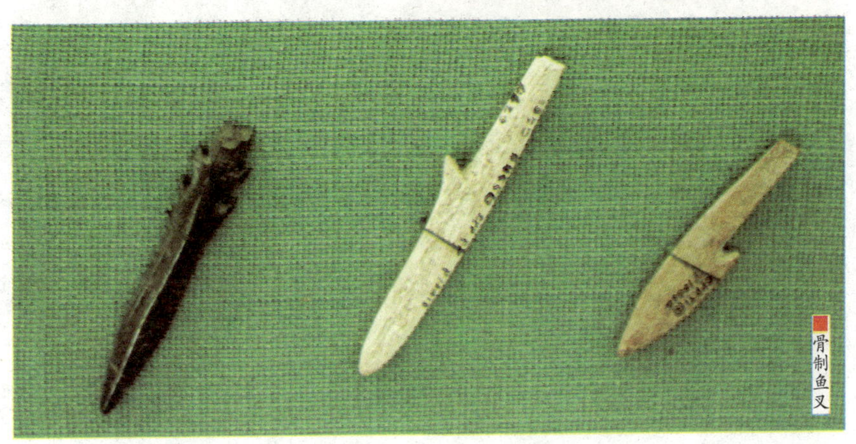
骨制鱼叉

红山文化彩陶盖罐

实：远在数万年前就有人类在这里劳动、繁衍、生息。

1921年6月瑞典地质学家特生博士对境内南票区沙锅屯二里媳妇山东坡天然洞穴发掘的人骨、石器、骨器、彩陶片进行鉴别，认为遗物为距今7000年以前新石器晚期的人类遗物。

其中红胎黑彩陶皿与河南仰韶村出土的彩陶同属于一种文化类型，而长颈瓶陶片又与甘肃出土的同类同期文物相同。辽宁省绥中县绥中镇龙王山区寺儿堡镇北出土的古墓等，都证明本地属于“红山文化”，是古代南下辽西的一种文化类型，是古代人群部落沿北向南延伸的整体。

这些确凿的文化遗址都证明东北古人类为了开拓东北古老的活动空间，探索新的未知生活领域。

阅读链接

1950年，在吉林省榆树秀水大于周家油坊屯前的大沟及其周围自然屯中，经常发现不知名的古生物化石散落于地表。

当地群众传说，这里是龙的故乡，是龙集居和活动的地方。这块地方范围比较广，纵贯榆树全境，从北至南，从东至西，到处都能见到古生物化石，被当时人们传说为“龙骨”。

这里“龙骨”究竟是什么呢？经过鉴定认为，“龙骨”为古生物化石。这些古生物化石均属于旧石器时代晚期文化遗存。从地质时代推断，属新生代第四纪，更新世、全新世。从大量古生物化石中，发现两块古人类头骨碎片，这是对研究我国东北古人类和吉林古人类生息、繁衍的重大发现。

肃慎向周朝进献楛矢石砮

自有文字开始起，东北作为一个地区，就已载入了古代典籍。我国最早的史书典籍《尚书·禹贡》把远古我国划分为九州，其中冀州就涵盖后来辽宁西部的广大地区，青州则把后来辽宁南部主要是辽东半岛置于了辖境之内。

辽东少数民族雕塑

相传九州为大禹治水后所设，而舜又把九州分为十二州，其中：分冀州东北为幽州，就是辽宁北镇以西地区，后来简称辽西；分青州东北为营州，就是后来辽宁北镇以东地区，后来简称辽东。辽西、辽东之分，大抵以辽河为界。

《史记》 我国第一部纪传体通史，是《二十五史》的第一部。记载了上自上古传说中的黄帝时代，下至汉武帝太史元年间共3000多年的历史。《史记》与《汉书》、《后汉书》、《三国志》合称“前四史”；与《资治通鉴》并称“史学双璧”。

我国最早解释词义的专著《尔雅·释地》、儒家经典《周礼·职方》以及我国古代百科全书似的传世巨著《吕氏春秋·有始览》等古籍，对东北地区都作了类似的记载。其实，所谓九州、十二州之设，反映了当时春秋战国之际或稍晚人们的地理概念。

由此可见，至少在春秋战国之际，在人们的地理概念中，已把后来辽宁分别概括在了冀州、青州、幽州、营州的辖境之内了。

据我国第一部纪传体通史《史记·五帝本纪》记载，早在部落首领舜统治时期，北方朝贡的民族有“山戎、北发、息慎”。息慎就是肃慎，肃慎族在尧舜时代就居住在东北地区的白山黑水之间。

狩猎人家雕像

东北肃慎族是唯一与黄河中下游地区的中华民族发祥地诸民族并存的少数民族，也就是说，东北长白山也是中华民族的发祥地之一。

据史料记载，在长白山下、松花江下游、乌苏里江和黑龙江中下游广大地区居住的肃慎民族，也叫息慎和稷慎，就是后来满族的祖先，他们早在3000年前就和中原王朝存有贡纳关系。

在周朝时，肃慎继续向朝廷进贡。当时的大圣人孔子曾亲眼见过其贡品，就是楛矢石

东北少数民族艺术雕塑

砮，并为陈国惠公作了鉴定。

据我国富于神话传说的最古老奇书《山海经·大荒北经》的记载：

东北海之外，大荒之中，有山名曰不咸，有肃慎氏之国。

不咸就是后来的长白山，肃慎族居于长白山地区得到了确证。肃慎在舜、禹时代，就与中原有了紧密联系。在商、周时代，肃慎族分布在黑龙江、乌苏里江流域和长白山一带。

在西周开国皇帝周武王姬发执政时，肃慎向周王朝献上了“楛矢石砮”。楛矢石砮后来成了关东文化的象征，作为地方特产，楛矢石砮到底以什么材料制成的呢？一直以来为关东文化之谜。

后来根据出土的楛矢石砮看出，石砮的制作材料

《山海经》 先秦时期一部重要古籍，是一部富于神话传说的最古老的奇书，全书共计18卷，包括《山经》5卷，《海经》8卷，《大荒经》5卷。内容包罗万象，主要记述古代神话、地理、动物、植物、矿产、巫术、宗教等，也包括古史、医药、民俗、民族等方面的内容。

■ 原始人类使用的石斧

周康王 就是姬钊，周成王之子，成王死后继位，在位26年，病死于镐京，葬于毕原。姬钊与其父姬诵的执政期间，社会安定、百姓和睦，被誉为“成康之治”。

进贡 我国古代藩属对宗主国或臣民对君主呈献礼品。也是我国古代帝王朝与周边少数民族、附属、附庸国之间的一种贸易形式，各政权或民族带来本地区的土产方物进献给皇帝，谋求政治上的依托与援助，并获得物质利益。

有三种说法：

一为松脂化石说。认为是松脂入水千年所化，色青绀，纹理如木，坚过铁石；二为木化石说。认为是江边的榆树、松树堕入江中，被浪所激荡，经过多少年后成为了化石，取以为箭镞，榆化为正，松次之；三为黑龙江口石说。认为黑龙江口出石砮，名水花石，坚利如铁。

另外，在出土的许多石箭头中，发现有许多是由燧石、玛瑙、碧玉一类的石材制成，明亮而坚硬。

至于楛矢材料，也有二说：一说为松花江特产的“石棒”。它是一种高约一米的明条灌木，生长于山水相接的岸边，根梢直径相近，与箭杆大小相同，坚如石材；二为杨柳科柳属灌木杞柳，这是从外观、构造、髓心等特征对比得出的结论。

在周康王姬钊执政时，肃慎又一次朝贡，周王室公开申明：肃慎属于我们北方领土。以后，肃慎与中原关系更加密切，而每次朝贡均以楛矢石砮为首贡。

楛矢石砮作为东北原始时期东北文化的象征物，

得到后来朝代的承认。

清乾隆皇帝在《斐兰》一诗写道：

榆柳弯弓弦檿丝，剡荆做箭雉翎菠。
壮行幼学率由旧，蓬矢桑弧匪袭为。
揖让岂知争君子，阖抨唯觉惯童儿。
曾闻肃慎称遥贡，可惜周人未解施。

除了楛矢石砮，肃慎还进贡了一种名为麈的动物。麈是鹿一类的动物，其尾可做拂尘。

在吉林、黑龙江等地区出土发现了肃慎制造的典型器物石砮以及鼎、鬲等器物。这个考古发现说明并确认，鼎、鬲等器物在那个时候就已经在东北地区出现了，同时也表明了肃慎人与中原地区很早就在政治、经济和文化方面有着一定程度的交往和联系。

阅读链接

传说在春秋战国时期，一群隼鸟飞到陈国宫廷上空。忽然，一只受伤隼鸟掉在宫廷院落里，伤口挂着楛矢。

当时陈国国君陈慧公不知道是怎么回事，恰逢鲁国司寇孔丘周游列国，这时正好来到陈国。陈慧公知道孔丘博览群书，便派人请教。

孔丘了解情况后说：“这群隼鸟从远方飞来，身上楛矢是肃慎人造的。过去周武王灭殷，北方肃慎进贡了楛矢石砮。周武王派人在楛矢上刻了‘肃慎氏之贡矢’几个字，便赐给分封陈国女婿，你们可以到仓库里去找。”

陈慧公依言派人去仓库里寻找，果然找到了肃慎制造的楛矢石砮。

濊貊族与东胡族开创文明

在东北地区有三大古老部族，其中之一有濊貊族，古文献称之为“白民”、“毫人”或“发人”，由濊人和貊人汇合而成。在夏商之际，他们广泛分布于南起辽东半岛北至松花江流域中游广大地区。东北部与肃慎族相接。

东北少数民族背板

早在西周时代，濊貊就是周王朝的臣属国。后来大部分迁徙到了东北。在春秋战国时期，濊族人从事农业和渔猎业，黍是濊人的主要食粮。此时的濊族人进入了原始社会晚期，过着定居的生活。

貊族是蒙古草原阿尔泰语系的游牧民族，他们大约在秦汉之际，在松嫩平原建立了第一个部落国家，即“濊王国”。

濊貊人的北支为索离族，饲养猪、马、牛，又善于狩猎。索离人生活在嫩江以东、松花江以北的松嫩平原地带。嫩江下游肇源白金宝遗址就是索离人的文化遗存。

在这时，索离人的社会内部就出现了私有制和社会等级，就已跨入了文明社会的门槛。

自从索离族人东明称王后，他宣布不用“濊族”和“索离”族名，而是采用“凫臾”作为族名。凫臾是指扶余人，通俗意思是野鸭子，扶余族人就是以野鸭为图腾的。

古代少数民族用的纺毛线机

中原汉族王朝当时将“扶余”译作“夫余”，后改为“扶余”。在汉朝时受玄菟郡管辖，在汉末三国初改属辽东公孙氏，在晋朝时由东夷校尉管理。汉朝曾经在濊貊人的地方设置了苍海郡。

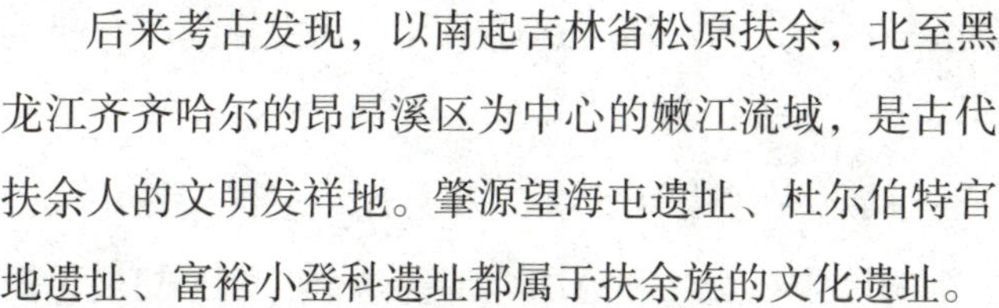

后来考古发现，以南起吉林省松原扶余，北至黑龙江齐齐哈尔的昂昂溪区为中心的嫩江流域，是古代扶余人的文明发祥地。肇源望海屯遗址、杜尔伯特官地遗址、富裕小登科遗址都属于扶余族的文化遗址。

扶余族居住的中心在后来的吉林省农安，至魏晋南北朝时，扶余族经过几次变迁，大部分同东胡、肃慎的后裔以及高句丽和汉族人融合了。

濊人的文化是西团山文化。西团山坐落在吉林省吉林市黄旗屯，是一处距今3000年前的原始社会文化遗址。

东明 扶余国王。他擅长射箭，当时扶余王恐怕东明夺了他的王位，就打算杀东明。东明只好逃走，南逃到了后松花江东流段，传说他以弓击水，鱼鳖浮为桥。东明得渡，鱼鳖解散，追兵不得渡。在秦汉之前，约为公元前2世纪，他建立了扶余国。

■东胡马具

西团山文化是关东地区一种独具特色的原始文化遗存，代表了农业由“刀耕火种”进入锄耕的阶段，其社会性质是由父系氏族社会向阶级社会过渡阶段。

后来出土的石棺墓分为砌筑和垒砌两种，均埋在山坡地表以下，地面不见封堆。随葬品有石器、陶器和牙器，主要是各种生活和生产用具，种类丰富，石器皆为磨制，有镞、斧、刀、锛等。陶器有杯、罐、瓶、纺轮和网坠等。装饰品有白石管、野猪牙等。

东北地区三大最古老民族其中一支是东胡，属于古老的游牧民族，因居住在匈奴东而得名。东胡是一个部落联盟，包括了当时族属相同而名号不一的大小部落。

早在商朝时期，就有东胡的活动记载。商朝初年便生活在商王朝的北方。

“东胡”一名最早见于先秦古籍《逸周书》，其中提到“东胡黄罴山戎戎菽”。

在春秋时期，东胡居住在燕国的北部，和燕国、赵国接触比较频繁。在战国时期，东胡居住在燕国和赵国北部，这个时期东胡最为强盛，号称“控弦之士二十万”，曾多次南下中原。后为燕将秦开驱离，被迫迁于后辽河的上游老哈河、西拉木伦河流域一带。

公元前206年，东胡被匈奴冒顿单于打败，余部聚居乌桓山和鲜卑山，形成了后来的乌桓族与鲜卑族，从此东胡的名字从历史上消失了。

东胡文化是一种融合文化，总体上说属于夏家店上层文化。夏家店上层文化是我国重要古代文化遗址之一。后因在内蒙古赤峰夏家店发现，依照考古惯例，以发现处所为名。

从出土物品看，夏家店上层文化的陶器技巧明显纯熟，随葬的戈、矛、短剑、镞、饰牌、青铜器等很多，因此，夏家店上层文化被认为属于青铜时代的晚期。夏家店上层文化的分布范围为西拉木伦河流域及其以南诸地，一度曾分布更西南些，这与东胡的活动范围一致。

夏家店上层文化的前身是分布在西拉木伦河流域的富河文化，富河文化是内蒙古自治区赤峰北部乌尔吉沐沦河流域发现的一种新石器时代文化，距今5300年左右，属于森林草原经济形态。

富河文化是东胡文化的代表，其文化特征为：陶器器形简单，陶器表面颜色为褐色，以黄褐色居多，灰褐色次之。纹饰为之形纹，石器多大型打制的砍砸器，形状规整，制作精致，箭镞类细石器较多，属于一种游牧狩猎的文化。

这一文化的存在及其和夏家店上层文化的渊源关系，证明了东胡的先人在西拉木伦河一带的活动有悠久的历史。

后来考古人员在东北地区老哈河流域发现过不少

乌桓族 又叫乌丸，我国古代民族之一，原为东胡部落联盟中的一支。其族属和语言系属有突厥、蒙古、通古斯语系。公元前3世纪末，东胡被匈奴打败后，迁至乌桓山，遂以山名为族号，大约活动于后西拉木伦河两岸及归喇里河西南地区。

鲜卑族 是我国北方阿尔泰语系游牧民族，其族源属东胡部落，兴起于大兴安岭山脉。是我国古代游牧民族，先世是商代东胡族的一支。秦汉时从大兴安岭一带南迁至西剌木伦河流域，曾归附东汉。

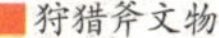
狩猎斧文物

东胡遗址。出土随葬物和兵器多为青铜制品，说明了东胡处于青铜时代，其中出土的双侧曲刃青铜短剑，与中原地区铜制形制完全不同，具有地区特点和民族特点，是具有典型特征的东胡早期遗物。

另外，从辽宁省朝阳十二台子出土的铜饰具和人面形铜饰牌，也被认为是具有典型特征的东胡早期遗物。

后来在赤峰宁城南山根出土了一批东胡人铜器，其中最具特征的青铜短剑，双侧曲刃特点还保存着，但有的刃部却成了直线型。而匈奴的剑，刃部一般都是直线型的，这说明东胡早期文化受到了匈奴文化影响。

东胡青铜短剑

出土的动物骨骼有猪、狗、羊、马、鹿、兔等，说明当时东胡的畜牧业很发达，而且还兼狩猎。出土的农业工具有石锄、石铲等，说明当时的农业也有所发展，在社会经济中却不一定占有重要地位。

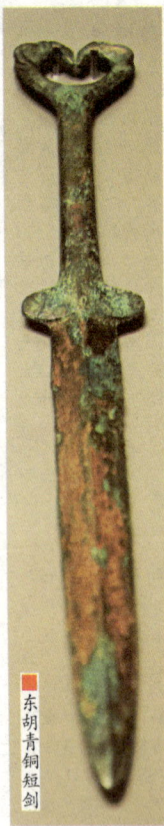

阅读链接

东胡曾经是一个强大的部落，和中原的燕国和赵国的接触比较频繁。东胡曾打败过燕国，燕国的东北经常遭受东胡侵扰。为了防御东胡南下侵扰，燕国修筑了长城，并设置了上谷、渔阳、右北平、辽西、辽东五郡。

东胡和赵国也是战事频繁。此外，东胡还经常兴兵攻打匈奴。匈奴刚刚兴起时，常受东胡侵扰。匈奴的冒顿单于刚即位时，东胡恃强向匈奴索要宝马、美女等，冒顿单于采用麻痹的做法，对东胡要求一一满足。冒顿单于趁东胡王轻敌之际，向东胡发动进攻，大破东胡。从此东胡部落联盟瓦解，东胡各部成为匈奴的种族奴隶，东胡各族从此走向衰落。

关东拾英

为了抵御关东地区东胡的侵扰，华北地区的燕国和赵国修筑了长城。为了防御匈奴，后来秦国又将燕国、赵国长城连为了一体，修筑了万里长城。秦长城的建成，对关东地区的区域文化产生了极其深远的影响。

以后的历朝历代，包括魏晋南北朝、隋唐时期、宋元时期，都对关东地区采取了不同管辖方法和手段，这些措施对关东地区多元文化形态的形成起了有力促进作用，为其奠定了雄厚的多民族文化基础。

丰富多彩的关东绘画

绥棱地处黑龙江地区中部，小兴安岭南端西麓，东临伊春，东南与庆安接壤，南部和西南同北林区连界，西部和西北与北安、海伦相连。从形状看，它像一把吉祥的如意柄镶嵌在茫茫的松嫩平原上。

绥棱农民画来源于民间，历史悠久，闻名遐迩。绥棱地处半山区，使用木材方便，家家在打制箱柜后，都习惯找来当地的“名”画匠，在柜上画木纹、四季花，写福字，也有写些吉利话的。

农民画

发展至后来的立柜、炕、高低柜、书橱、碗架，都要画上画，又增添了山水、花鸟，这些画就是绥棱农民画的雏形。

绥棱农民画艺术独立，风格独特，画面不讲究透视法则和三度空间，擅用平面构图、多点观察，追求饱满、协调、变异、和谐的效果，属原生态的民间艺术。

■农民画

另外，绥棱农民画在色彩上具有鲜明特色。设色大胆主观，强调色彩的鲜亮、明快艳丽，融合了敦煌壁画、民间花布、木板年画等民间颜色。强调色块间的对比和在对比中求得和谐统一的效果。

善用纯色，以好看和抒情为用色标准，不受自然真实色彩的限制。富有强烈的主观意识，把生活感受和形式语言紧密地融为一体。

随着社会的发展，这种原生态的创作在内容形式上也不断发展、创新，后来的作品大多反映农民的生产与劳动，创作者通过自我抒发，寄托理想，再通过形象达意的创作，来感染人打动人。

庆安地处黑龙江中部的松嫩平原与小兴安岭余脉的交汇地带，属呼兰河流域中上游。庆安历史悠久，早在3000年前的新石器时代晚期、青铜时代初期，庆安地区就有了人类活动，从“赵勤遗址”至“石尹”的石人石兽，以及出土的一些石器、铁器、铜钱等，都记载着庆安的悠久文明史。庆安版画便是这文明史

石器 是指以岩石为原料制作的工具，它是人类最初的主要生产工具，盛行于人类历史的初期阶段。从人类出现直到青铜器出现前，共经历了二三百万年，属于原始社会时期。根据不同的发展阶段，又可分为旧石器时代和新石器时代，也有人将新、旧石器时代之间列出一个过渡的中石器时代。

中的璀璨一支。

1900年，清朝人吴尽臣从河北乐亭来到庆安，他有一手木板刻画的技术，逢年过节，他就用木板刻印一些灶王爷、财神爷、门神等民俗年画出售。这时期的木板刻画就是庆安版画的雏形。

后来，他的儿子继承了他木板刻画的手艺，并有所发展，成为庆安版画的第二代传人。后来，民俗木板刻画向真正的版画过渡。

版画是版画家在一种特殊的版材上自画、自刻、自印的画种。版画有木版画、铜版画、石版画等。庆安版画属于木版画。庆安版画有着独特的"田园风格、乡土气息"的艺术特色。

清新的田园生活和农家小院的温馨情调，是庆安版画主要赞美表现的主题。不规则构图、不受时间限制、扩大想象空间、扩大色板、烘托主板的艺术处理，形式悦目，富于美感，形成了庆安版画独特的艺术风格。

阅读链接

考古专家在黑龙江省庆安新胜乡新明村赵勤屯发现并挖出比较完整的陶支座、陶鼎足、陶鬲足、陶纺轮、陶小杯等文物，同时还发现陶器残片及石簇，共计132件。

这些陶制品质地都为细沙陶，是由夹沙砾伴合蚌粉制出雏形，再由土窑烧制而成。

从类型上看有红衣陶、里褐陶、夹沙陶。从形状上看有轮、足、鼎、杯、座。经过考证，这些文物已有4000余年的历史，这说明4000多年前这片地域不仅有人群居住，而且制作工艺已具相当水平。

每件陶制品的口沿都有布纹，布纹的印制有指按、壁点、戳刺等手法，而且图案呈现出锯齿、菱形、渔网等多种变化，在图案的排列上也十分讲究，有三角形的，有平行形的，有放射形的，有菱状形的。这也表明那时的古人已有较高的审美情趣和绘画艺术。

赫哲人的鱼皮画艺术

赫哲族是我国人口最少的少数民族之一，主要居住在黑龙江、松花江、乌苏里江下游的三江平原之上，佳木斯市、同江市、饶河县、依兰县等地。俄罗斯远东地区也有赫哲族，称为“那乃人”。

赫哲族有着悠久的历史，其先民很早就生活在黑龙江、松花江、乌苏里江三江流域。在明清时期的史书中，已经留下了有关纪录。由于赫哲族人过去穿鱼皮衣，有犬陪伴，所以被人们称为“鱼皮部”和“使犬部”。

明代时，赫哲族是女真族的一支，清朝时，被称作“黑斤”、“黑其”、“赫真”、“奇楞”、“赫哲”等名称。后来，统一族名为赫哲族。

赫哲族鱼皮画

《皇清职贡图》 清代乾隆年间编绘的大型民族图志，由画像和图说两部分组成，生动地描绘了清朝盛世时期藩属国、海外交往诸国以及国内各少数民族人物的样貌、服饰、生活等状况。

赫哲族是我国北方少数民族中唯一以捕鱼为主要生产方式的民族。传说赫哲族人是鱼的后代，因此鱼神是他们普遍信奉的神祇。每当渔民出江捕鱼前都要祭祀鱼神，祈求保佑平安、丰收。

赫哲族人居住的三江平原水资源丰富，山水纵横，盛产淡水鱼类，其中以蝗鱼、蛙鱼为最多。自古以来，就是富饶的天然渔场。

三江平原 又称三江低地，三江平原的“三江”即黑龙江、乌苏里江和松花江，三条大江浩浩荡荡，汇流、冲积而形成这块低平的沃土。区内水资源丰富，总量187.64亿立方米。

得天独厚的自然条件，造就了赫哲族人独特的生活方式。赫哲族人的生产和生活，与鱼类关系极为密切。他们适应自然环境，濒河流居住，主要依靠捕渔为生，食用鱼肉、穿用鱼皮，并用鱼皮加工制作各种生活和生产用品。

尤其是用鱼皮做衣服，更成了赫哲族人民的一大特点。《皇清职贡图》记载：

男女衣服皆鹿皮、鱼皮为之。

■鱼皮画山神

赫哲族传统的图案艺术非常发达，他们常常在用鱼皮、兽皮制作的衣服、鞋帽、被褥上，绣制各种云纹、花草、蝴蝶及几何形图案等。在餐具、桦皮制品上雕刻各种二方连续纹样、云纹、山水、花朵、鸟兽等，形象生动，造型美观别致。

妇女们在衣襟、披肩、腰搭、帽子、裤腿等处用彩线刺绣的花纹、图案更为精美，尤其是日用品上的彩绣如“雄鸡衔花”、“花篮与莲藕”等图案，构图新颖别致，格外精彩。

鱼皮画山神

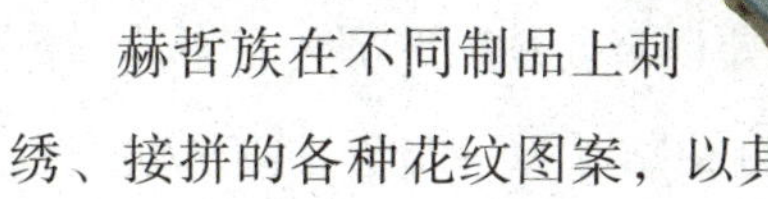

赫哲族在不同制品上刺绣、接拼的各种花纹图案，以其独特的形式，从不同角度反映了赫哲族人民的聪明才智和群体的审美意识。

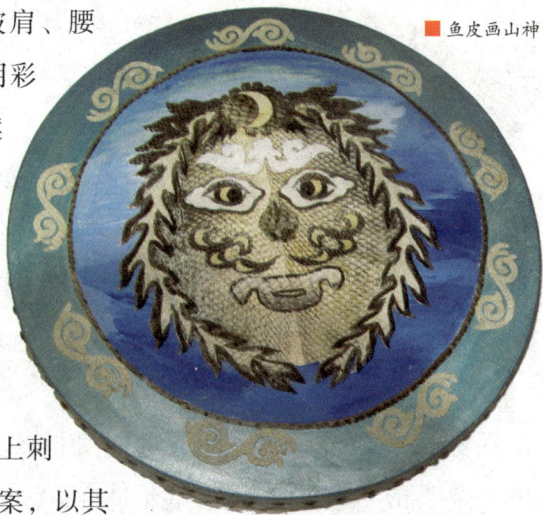

赫哲族的图案艺术吸收了汉族图案艺术的精华，并不断创新，既富有本民族气息，又能反映本民族生产、生活特点，极富民族特色，是中华民族刺绣、图案艺术宝库的重要组成部分。

鱼皮画是赫哲族特有的艺术品。鱼皮有一种自然的美，具有天然的鱼鳞花纹，多种多样，凹凸不平，又浑然天成。

构成的画面色彩斑斓，意境深沉幽远，富有诗意和哲理，其风格古朴、粗犷，而且有立体感和动感，是任何其他美术材料不可取代的，也非是人工模拟能够完成获得。

鱼皮画图案在保持民族风格的基础之上，吸收汉族图案艺术的精华，并不断创新，反映本民族生产、生活特点，极富民族特色，是中华民族图案艺术宝库的重要组成部分。

鱼皮画种类丰富多彩、造型各异。从内容上多是表现赫哲族人传统的日常生活画面，也有一部分是表现赫哲族人的宗教信仰。

制作鱼皮画，首先必须对鱼皮进行加工处理，要经过剥制，晾干

鱼皮画神太阳神

去鳞、晾晒鱼皮、捶熟、漂色等许多细致环节。

鱼皮画分为粘贴和镂刻两种。粘贴画制作相对来说较为容易，先勾勒出初稿，然后选好底衬，再选适当的鱼皮进行剪制。

这一步骤特别重要，首先要确定要粘贴的部位，来选则鱼皮的颜色，剪完之后，就可往底纸进行粘贴了，一幅鱼皮画也就完成了。一般说来适于粘生活方面的事物，还有动物、人物等。

鱼皮镂刻先要选好鱼皮，一般都是选择比较大的鱼皮，在鱼皮的反面进行勾画，也可直接剪制。此种方法不适于剪刻过于复杂的图形，因鱼皮质地较硬厚，所以每次也只能出一两幅画。

阅读链接

黑龙江流域是我国赫哲族的主要聚居地。历史上的赫哲人以渔猎为生，早年衣服、被褥大多是用鱼皮缝制的。赫哲族的衣服多用胖头鱼、鲟鱼、大马哈鱼等鱼皮制成。

不仅衣饰原料用鱼皮，赫哲人缝衣服的线也用鱼皮做成。鱼皮线通常用胖头鱼皮做。

赫哲人制作鱼皮线是先把胖头鱼的鳞刮掉，涂上具有油性的狗鱼肝以保持柔软湿润，然后叠好压平，再用刀切成细丝，缝衣线就制成了。

制作鱼皮衣饰，是先将适宜做衣服的草根、大马哈、怀头等鱼皮剥下晒干，将其捶软后，按照鱼皮花纹拼缝成一大张，再按需要者身材大小剪裁缝制即可。

医巫闾山和海伦剪纸

医巫闾山，古称于微闾、无虑山，今又称闾山，地处今辽宁省锦州境内，医巫闾山历史悠久，由华夏几千年的文明积淀而成。

《周礼·职方》称：

东北曰幽州，其山镇曰医无闾。

相传舜时把全国分为12州，每州各封一座山作为一州之镇，闾山被封为北方幽州的镇山。周时封闾山为五岳五镇之一。

医巫闾山历史上是游牧民族和山林民族聚居的地方。流传于游牧民族、山林

医巫闾山剪纸

剪纸扭秧歌

民族的崇拜自然神和崇拜祖先神的萨满文化，是医巫闾山文化的根基。以动植物图腾和女始祖神“嬷嬷人”为主要内容的医巫闾山地区满族民间剪纸，正是发源于自然神崇拜和祖先神崇拜的萨满文化。

医巫闾山人的祖先在当时生产力低下的生活环境中，不时地向与大自然中的动植物有血缘关系的祖先神祈祷，祈祷的神像则是随身携带的神偶。这种神偶是用树皮、兽皮剪刻的，或是用木头雕刻的。当医巫闾山人定居下来后，这种神偶的造型就被用剪纸艺术传承保护下来。

医巫闾山满族民间剪纸融合了中原地区的农耕文化和农业社会习俗，记载了北方民族曾有过的万物有灵、与自然界相依共存的生命状态和文化状态，还表现了近代中原农耕文化与医巫闾山山林文化的融合。

记录农业生产中劳动技艺的作品记载了人类取于自然、还于自然的农产品制作手艺和由这些手艺创造的简朴、自然的生活状态。

同时，医巫闾山满族剪纸还保留了东北满族的人文特征，因此，医巫闾山剪纸具有极其珍贵的人类文化学、民族学、民俗性和宗教学的史料价值。

医巫闾山很多民间剪纸继承了游牧民族的萨满

农耕文化 我国存在最为广泛的文化类型，是指由农民在长期农业生产中形成的一种风俗文化，农耕文化以为农业服务和农民自身娱乐为中心。农耕文化集合了儒家文化及各类宗教文化为一体，形成了自己独特文化内容和特征，主体包括语言、戏剧、民歌、风俗及各类祭祀活动等。

文化内容和神偶的造像艺术。这些作品形式凝重、洗练、古朴、粗犷，祭祀符号明确、固定，手法写意、写形、写神、写心，是经过几千年的删繁就简，沉积下来的最重要的民族文化信息。

与医巫闾山多民族文化融合的文化形态一样，医巫闾山的剪纸也形成了鲜明的多民族文化融合的艺术形式。

在医巫闾山满族民间剪纸中有很多记述萨满跳神场景的作品，它们传递了满族人对萨满精神世界的理解。萨满是山林民族萨满教的神职巫师。这类作品多展现的是一个诡异、癫狂而又充满了与大自然血肉亲缘情感的萨满世界。

此外，医巫闾山满族剪纸作品还记录了医巫闾山各族人民、各个历史时期的民俗风情。有对民族领袖努尔哈赤英雄业绩的描述；有对满族及北方民族婚丧嫁娶、衣食住行、祭祀、娱乐等日常生活的记叙。

这些或温馨，或火爆，或壮丽，或凄美的画面，倾注着满族人赤诚的民族情感，传递着他们对民族文化的自豪和依恋，以及对过去艰难生活的回忆。

医巫闾山剪纸的造型多简洁，纹样古朴。它不用繁琐细密的剪法，不求精致准确的造型，而主要以博大恢弘的气度和朴拙古茂的神韵取胜。

萨满 萨满教是一种原始的多神教，远古时代的人们把各种自然物和变化莫测的自然现象，与人类生活本身联系起来，赋予它们以主观的意识，从而对它敬仰和祈求，形成最初的宗教观念，萨满教就是在这样的背景下产生的。肃慎、靺鞨、女真、匈奴、契丹等都信奉萨满教。

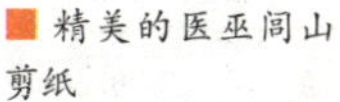

精美的医巫闾山剪纸

窗花 贴在窗纸或窗户玻璃上的剪纸。我国窗户历史悠久，过去无论南方北方，春节期间都贴窗花。窗花的样式，一般比较自由。窗花的内容丰富、题材广泛。有很多内容表现农民生活，如耕种、纺织、打渔、牧羊、喂猪、养鸡等。

医巫闾山地区反映物质文化和民俗文化的剪纸作品，大多以风俗画的布局、大写意的手法、神偶雕刻常用的阴刻工艺，作品气势恢弘、意蕴深厚。既有萨满文化肃穆简洁的神秘色彩，又有农耕文化灵动、饱满的生活情趣。

不仅在内容上融合了多民族的文化，在艺术形式上也是多民族艺术特色的完美结合。

医巫闾山剪纸在满族人生活中有着重要的地位，如窗花、挂笺、喜花、通天树、生命树、灵幡，是节庆、婚礼、祭祀等活动中烘托氛围不可缺少的“装饰物”，同时，又是日常生活用品、服装、鞋帽的装饰刺绣图样。

医巫闾山的民间剪纸，以其特有的诗意与灵性，传承和见证着极为昌盛的古代文明。它是闾山人智慧劳动的结晶，也是中华民族民间艺术的瑰宝。

数百年来，这种满族民间剪纸艺术在医巫闾山地区的北宁、凌海、阜新、义县等地流传，世代相承。在许多城乡地区，众多妇女参与剪纸活动，产生出许多技艺高超、成果丰富的艺人，形成祖辈相传的传承谱系。

■剪纸摇篮曲

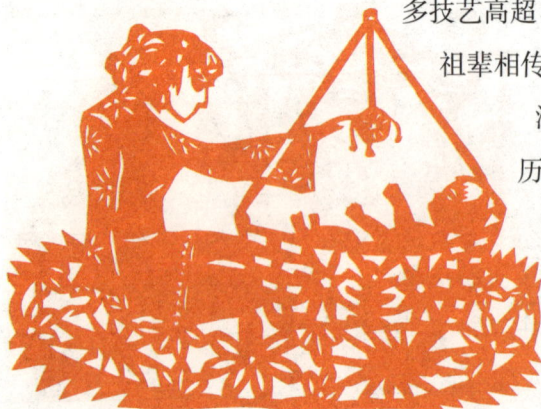

海伦地处小兴安岭脚下，历史悠久，在秦、汉、唐、辽、金、元、明时期，这块黑土地上就有少数民族生息、繁衍、劳动。1898年，清政府

在此设立通肯副都统衙门，即军政一体的行政区，侧重于戍边职能，受黑龙江将军节制。海伦县境域即为其所辖。

海伦一带原是清初皇帝围猎场。随着历史的发展，汉、蒙、回、朝鲜等民族的先人聚集在这里。他们带来了我国北方丰富多彩的剪纸、刺绣等工艺美术，和满族、鄂伦春族的拨云子、印麻花等工艺相互借鉴，融汇结合，逐渐形成了独特的剪纸艺术。主要以分散、小型、适用型为主。

海伦剪纸是满族传统剪纸技艺与来自于中原的皮影艺术手段、京剧脸谱等文化相互交融形成的，是黑土地特色文化中少数民族艺术与中原文化交融形的结果，有着较高的艺术成果。

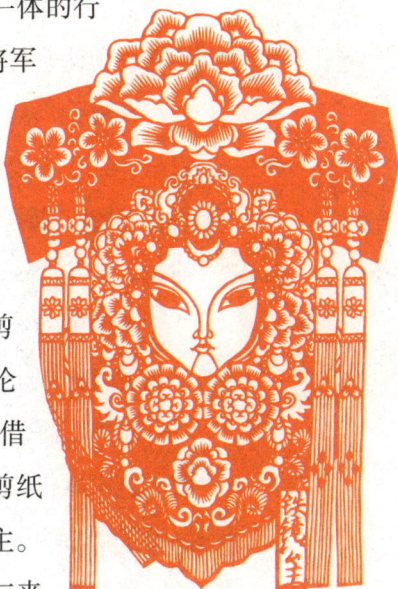

■海伦剪纸

传统的海伦剪纸多描摹花草虫鱼、飞禽走兽等，特点是画幅较大，风格粗犷，造型简洁洗练，刀锋粗犷有力，富有写意、神似的特点。

1899年前后，海伦剪纸艺术就在民间广为流传，那时主要采用灯烟熏，剪刀剪来完成，除在大红纸上用剪刀剪花之外，多用灯烟熏黑办法，然后在剪好的黑花纸背面再衬贴上鲜艳的五彩纸、蜡光纸、金银箔等，色彩效果绚烂夺目，具有浓郁的乡土气息。

造型是简单的花鸟、动物、人物图案来制作挂钱、窗花等。

海伦剪纸彩绘画、雕刻之所长，融粗犷、细腻于

喜花 婚嫁喜庆时装点各种器物用具和室内陈设用的剪纸。一般是将剪纸摆衬在茶具、皂盒、面盆、“喜饽饽”等日用品和食品上，有的贴在梳妆镜上。也指婚礼上人们佩戴的绢花，一般做成月季花的形状，取“天长地久”、“红红火火”之意。

画像砖 用拍印和模印方法制成的图像砖，多在墓室中构成壁画，有的用在宫室建筑上，是我国古代民间美术艺术的一枝奇葩。画像砖主要用木模压印然后经火烧制成，也有的是在砖上刻出纹饰。画面内容非常丰富。

一炉。它的表现技法讲求阴、阳，阴阳兼用和衬色压色四种剪法，剪刻并举。

在海伦当地，海伦剪纸流传十分广泛，从城镇到农村，几乎屯屯院院都有。特别是寒冬腊月，人们准备过年时，能剪善绣的巧女人家便用自己剪刻的各种挂钱、墙花、窗花装饰出新年的气象。

海伦剪纸的图案经过刺绣、抽纱、编织、漏印等工艺还可再现于日用品、建筑物上。

后来，海伦剪纸有了长足的发展，形成了独特的剪纸艺术风格。在剪纸的创作内容上体现了多样化，注重了精品剪纸的创作。

在剪纸的艺术表现手法上，吸纳了美术工笔画、版画、汉代画像砖，敦煌壁画及蓝印花布等艺术处理效果，着力表现古朴、稚拙、浑厚、精细的艺术风格，使海伦剪纸迈上艺术创作的高峰。

海伦人物剪纸

挂钱是剪纸当中的一种特殊品类，具有自己的强烈个性魅力。讲究古朴而高雅，婉约而绚丽。主要工艺有两种：镂剪挂钱、型刀镂凿挂钱。主要技艺是传统剪子铰，有阴刻法、阳刻法、阴阳结合法，还有刻、绘、染、漏、凿、铰、撕、香火烧、嵌法及翻转等方法。

关东地区民俗中的挂钱，

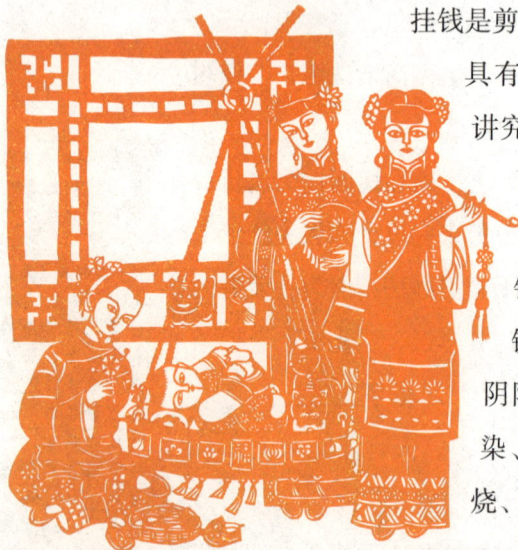

过去是大户人家过年时为显示自家富贵，常把大钱串起来挂在家里；而贫穷之人为表达自己的愿望，利用剪纸剪成大钱也把它挂出来。随着生活水平的提高，当年那种纸制大钱，演化变成了精美民间工艺品。

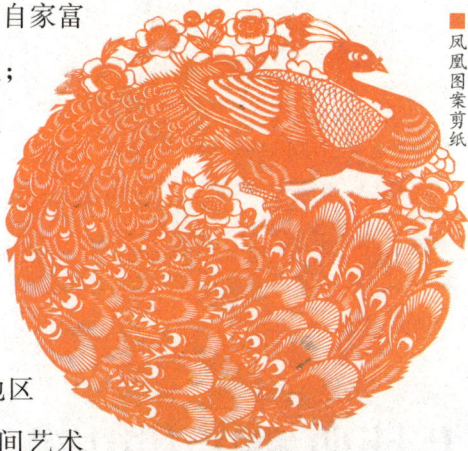

凤凰图案剪纸

黑龙江兰西剪纸与关东地区的冰雪环境、地方文化、民间艺术等密切相联，形成了其创作题材的民俗性、内容的广泛性、纹理装饰的细腻性、表现手法的多样性。它们从不同角度和侧面，强调了形与神、意与象、情与景的和谐统一，充分反映了时代的精神风貌。

阅读链接

满族人信仰的萨满教起于原始渔猎时代，可谓是最早的教派之一。这个教派崇奉天神、地神、祖先神等多达170个。

而其中“嬷嬷神”，是满族人最信奉的祖先神，她们分管许多事情，有管子孙繁衍的，叫“欧木娄嬷嬷”；管儿女婚姻的，叫“萨克萨嬷嬷”；管进山不迷路的，叫“威虎嬷嬷”……嬷嬷神成为了满族人家吉祥的象征，成为了满族民间剪纸的传统题材。

在满族女性的剪刀下，“嬷嬷神”总是一副身着旗装着马靴，头顶梳髻，或头戴“达拉翅”的典型满族装束，人物正面站立，两手下垂，五官为阴刻，鼻子三角形，这种剪纸，是满族剪纸的代表作，粗犷朴实，很有特点，是满族萨满剪纸中精彩之作。

古朴典雅的桦皮文化

桦树皮工艺是关东地区的特有艺术，在关东地区许多少数民族中都有流传。桦树分白桦和黑桦两种，能剥皮做器皿的是白桦树。

桦树皮剑囊

白桦树为多年生高大乔木，每年五月六月是剥离桦树皮的最好季节。

桦树皮文化在我国北方狩猎民族中有着悠久的历史，在黑龙江省白金宝原始遗址中，出土了一件仿桦树皮陶罐，据测定有3000多年的历史。

生活在北方的古代民族，如鲜卑、契丹、女真等，还有后来的满族、鄂温克、锡伯族、赫哲族、达斡尔族、鄂伦春族、蒙古民族等都有过使用桦树皮制作各种器具的历史。桦树皮器皿在我国器皿造型艺术史上占有十分重要地位。

桦树皮盒子

鄂伦春族喜欢用桦树皮做盆、盒、箱、篓、碗、桶等器皿，器形大小各异，鄂伦春人还重视在器皿上进行装饰。

桦树皮器皿的装饰多在器身腰部以上或盖上，鄂伦春人以骨针点刺等手段在其上饰以各种花纹图案，纹样多为几何纹。如直线纹、三角纹、点刺纹、半圆纹、圆圈纹，“上”形纹、“人”字纹、“一”字纹以及变形花草、树木纹等。

在桦树皮器皿中，做得精巧美观的“阿达马勒”盒是姑娘出嫁用的梳妆盒，盒上多刻有南绰罗花，反映着鄂伦春人对婚姻的祝愿，愿青年人爱情忠贞，夫妻白头到老。

鄂温克族所制的桦树皮器皿有碗、盆、火柴盒、水桶、针线盒、筷子盒、桦树皮篓、桦树皮船及撮罗子等。其形大小各异，装饰风格独特，装饰纹样有几何纹、动物纹、花草纹三种。

其中几何形纹饰，多水波纹、丁字纹、云卷纹、双十纹、单回纹、双回纹、半圆纹，形成独具风采的装饰带和适合纹样，显得花纹繁密，外形美观。

装饰多为压花、画花、划花、刻花和点刺花为

压花 将植物材料包括根、茎、叶、花、果、树皮等经脱水、保色、压制和干燥处理而成平面花材，经过巧妙构思，制作成一幅幅精美的装饰画、卡片和生活日用品等植物制品，融合植物学与环保学于一体的艺术。

主。花草纹和驯鹿纹在敖鲁古雅狩猎鄂温克人桦树皮器皿装饰中更显风格。

敖鲁古雅 位于内蒙古自治区呼盟根河市最北部和根河市西郊，是内蒙古最北的一个乡，是鄂温克族最远也是最神秘的一个支系雅托克系所居住的地方。

在赫哲族聚居的黑龙江省饶河四排乡，后来仍保留着一艘赫哲人传统手工艺制造的桦皮船。用桦树皮做船的技艺，赫哲人使用了数千年。其外形古朴典雅，美观大方。

此外，赫哲人还用桦树皮做成篓、箱、盒、碗等生产生活用品，并在这些用品上刻画出各种图案和花纹，使之成为精美的工艺品。

达斡尔族 是我国北方的一个少数民族，是古代契丹族的后裔，主要分布在内蒙古自治区莫力达瓦达斡尔族自治旗、鄂温克族自治旗、扎兰屯市、阿荣旗及黑龙江省齐齐哈尔、梅里斯区、富拉尔基区、龙江县等地。

达斡尔族和其他民族一样，用桦树皮做桦皮篓、鱼饵罐、桦树皮桶、盒等，但在装饰法上比其他民族先进一些，出现了镂刻纹、刻划纹、压印纹、绘画纹，而镂刻纹和绘画纹是其他民族所没有的。

这些证明了狩猎民族在历史上由原始桦树皮器具向具有装饰艺术的桦树皮文化发展的状况，形成了具有独特的北方狩猎民族文化。

桦树皮器物的器身多以双层树皮制作，两片桦树

桦树皮针线包

桦树皮悠车

皮的外表层相对朝内，做成两个卷曲的器身，或用兽筋线缝合，或以相交咬合法使其吻合成器身。

缝合器身与器底时，一是将单层桦树皮外表层向外与器底缝合，使器底高内略呈凸形，后在器底外围镶包一周柳木条框架，器底呈矮圈足。然后在器物上口合成的双层桦树皮内镶柳木框条的盖。

也有的在器皿身上口外围镶包柳木条框架，并在内径相对直线的边沿上各凿一对孔，可系马尾绳为器物的提梁。

桦树皮器物的缝合线有三种：一是兽筋线，是把狍子、鹿或犴筋晒干，搓成盘丝后做两股合线；二是鬃毛线，多以犴和马鬃及尾毛搓成；三是麻线。麻线出现较晚，是达斡尔族农业时代的产物。桦树皮器物上的装饰手法很多，大致有以下几种：

一是打压纹饰法。用一厘米直径的管制锥形器在桦树皮上按自己的构想打出点纹，以多点连线的办法表现饰纹。饰纹做出后再缝合成器。打压纹以几何形为主，有三角、半圆、波浪及回纹、双回纹等。

二是补花纹饰法。这种手法主要用于器物盖的装饰上，按着制作

云纹 是我国古代青铜器上一种典型的纹饰。云纹的基本特征是以连续的"回"字形线条所构成，作为圆形的连续构图，单称为"云纹"，与雷纹常作为青铜器上纹饰的地纹，用以烘托主题纹饰。也有单独出现在器物颈部或足部的。

者预先计划好的纹样，剪纸花纹后贴在盖上再缝合。纹样多以云纹、字纹为主，其效果有一种浅浮雕感。

三是墨绘装饰法。这种手法是在桦树皮器物制成后，在器物的盖上、器身周壁以墨线白描为装饰，纹饰有几何形纹，花草纹如牡丹、竹、兰、梅、杏、宝相花，还有亭台楼阁、山水及风景、人物故事等描绘，一般在桦树皮器物上白描后，施一层桐油衣保护白描画，显得画面清晰光亮。

四是彩绘装饰法。是在桦树皮器物上，墨绘白描后，填补色彩的装饰法。纹样多以花卉草虫蝶蜂为主，画面有独幅花卉画特征，最后施桐油衣，显得画面色彩艳丽、光泽亮秀、栩栩如生、耐人寻味。

五是镂刻装饰法。这种装饰法多用于桦树皮器物外壁上。在器身合缝前，按剪纸纹样在桦树皮镂刻出纹样，剔刻出与纹样主纹无关的部分，形成剪纸效果

桦树皮制作的奔马画

桦树皮艺术画

的镂刻纹样。

然后在其纹饰背面贴上蓝或红色布衬，托出主纹，产生一种类似广东佛山衬色剪纸的效果，使桦树皮器物显得华丽精美。

镂刻装饰法是达斡尔装饰桦树皮器物中的一绝。纹饰主要以树木、花草、鸟兽为主，也是以汉文、满文中的福寿禄为饰者。

六是玻璃镶嵌装饰法。这种装饰方法在达斡尔族出现比较晚，多用在桦树皮器物上的盖子上。桦树皮器的盖子以双层桦树皮缝合而成，多半是在缝合前把形状适合的玻璃夹在两层桦树皮之间，多呈圆形或花瓣边圆形、方形等。后又在玻璃的底面绘彩绘花草纹，产生一种透明的独特彩绘效果。

七是剔刻装饰法。这种手法多用于桦树皮器物外壁上。以二方连续花草纹或几何形纹饰为主，剔去与主纹无关的部分，一般不设色，使主纹与器壁之间形成浅浮雕效果，十分素雅。

达斡尔族人运用这种手法比较多，这种手法不但

浮雕 是雕塑与绘画相互结合的产物，采用压缩的方法来对对象进行处理，展现三维空间，并且可以一面或者是两面进行观看。浮雕一般是附着在另一个平面上，所占空间小，所以经常用来装饰环境。浮雕的主要材料有石头、木头、象牙和金属等。

精美的桦树皮画

美化了桦树皮器物，表现了达斡尔族特有的审美情趣，同时又表现出了达斡尔人艺术创作才能和智慧，形成有别于其他民族的桦树皮器物的装饰风格。

黑龙江省各民族的桦树皮器物造型艺术在近千年的实践中，形成了自己的民族个性，同时又保留了我国北方民族桦树皮文化的地域特征，是北方森林狩猎民族特有的文化，为中华民族器具造型艺术增添了光辉的一页。

阅读链接

在鄂伦春民族博物馆有一艘用白桦木制作的船，这就是有鄂伦春“诺亚方舟”之称的桦皮船。

这艘桦皮船狭窄细长，两头尖，状似柳叶。船身长约四五米，宽不足一米。

船体用松木做架，船帮用桦皮包裹，然后用木钉钉在船架上。接头和钉木钉的地方用松香涂抹，以防止漏水。

桦皮船体重仅几十千克，一人一手可拎，也可用肩扛，适合在林中携带穿行。桦皮船不分船头船尾，前后都可行驶。在河中可载两三百千克或两三人，逆水每小时可行10千米，顺水可达25千米。

鄂伦春人的桦皮船是桦树皮制品中的一绝。这种桦皮船是鄂伦春猎民用祖传的造船术自制的舟楫，工艺精湛，专用于渡水、捕鱼和捕猎四不像等猎物。

闻名遐迩的沈阳故宫

沈阳是闻名遐迩的历史文化名城，因地处古沈水之北而得名。

沈阳地区孕育了辽河流域的早期文化，是中华民族的发祥地之一，早在7200年前的新石器时代就有人类在此繁衍生息。

沈阳故宫正门

沈阳故宫崇政殿

砌上明造 也称"彻上露明造"，指建筑物室内的顶部一种做法，如天花不做装饰，而让屋顶梁架结构完全暴露，使人在室内抬头即能清楚地看见屋顶的梁架结构。

螭首 又叫螭头，古代彝器、碑额、庭柱、殿阶及印章等上面的螭龙头像。螭为我国古代传说中的一种动物，属传说中的蛟龙类。龙为炎黄子孙最崇拜的神兽，把它装饰在碑头上成为螭首，碑的身价就变得更为高贵。

沈阳建城已有2300年，素有"一朝发祥地，两代帝王都"之称。

沈阳故宫始建于1625年，是清朝入关前清太祖努尔哈赤、清太宗皇太极建造的皇宫，又称"盛京皇宫"，后称"奉天行宫"。清世祖福临在此即位称帝。1644年，清朝将首都移到北京后，沈阳故宫成为"陪都行宫"。

北京、沈阳两座故宫是我国仅存的两大完整的明清皇宫建筑群。

沈阳故宫以独特的历史、地理条件和浓郁的满、蒙古、藏族特色而迥异于北京故宫，具有极高的历史和艺术价值。

沈阳故宫位于沈阳沈河区明清旧城中心，占地面积约60000平方米，有建筑90余所，300余间。

在布局上，东路大政殿、十王亭建筑群布局仿照八旗行军帐殿的布局。

中路的特点则是"宫高殿低"，居住部分位于高台之上，俯瞰理政的正殿区域，这是来源于满族人喜居于台岗之上的生活习惯。

沈阳故宫崇政殿内景

在建筑风格上，以汉族建筑风格为主，兼备了蒙、藏艺术。

沈阳故宫的建筑布局可分为东、中、西三路，中路建筑以崇政殿为主体，南起大清门，北止清宁宫。

崇政殿又称正殿，是清太宗皇太极日常处理军政要务、接见外国使臣和边疆少数民族代表的地方。

殿为五间出廊硬山式，前后有出廊，周围石雕栏杆，望柱下有吐水螭首，屋顶铺黄琉璃瓦，镶绿剪边。

沈阳故宫凤凰楼

殿内砌上明造，装饰以彩绘，内设贴金雕龙扇面大屏风和宝座，两侧有熏炉、香亭、烛台。殿前有大月台，东面有日冕、西面有嘉量亭。

高台正南是凤凰

沈阳故宫颐和殿

楼，凤凰楼原名翔凤楼，是皇太极的御书房，也是当时沈阳城内最高的建筑。高三层，歇山顶，面阔进深各为三间。清朝入关后这里改为存放历代实录、玉牒、“御影”以及玉玺的场所。

清宁宫的牌匾

大清门又称之为“午朝门”，是沈阳故宫的正门，绿剪边黄琉璃瓦硬山顶，面阔五间，中央三间为门道。大清门外左右为文德、武功两座牌坊。路南有东西奏乐亭和东西朝房。

东朝房之后为两座五开间的二层楼房，西朝房之后为一座五开间的平房。乾隆时期将东西朝房扩建为五间，朝房之后改建两座对称的五开间楼房，称为“朝楼”。

清宁宫原称“正宫”，

1625年前后修建，是皇太极登基之前的王府所在地。位于高3.8米的高台之上，前有凤凰楼，四周为高墙，构成独立的城堡式建筑。

宫殿为五间硬山式建筑，绿剪边黄琉璃瓦。东边的一间为帝后的寝宫，西边的四间为神堂，是萨满教的祭祀之所。

清宁宫的两侧有东西配宫，东配宫有关雎宫、永福宫，西配宫有麟趾宫、衍庆宫。

关雎宫坐东朝西，面阔五间，硬山顶，宫内布局类似于清宁宫。皇太极时期，此宫为宸妃博尔济吉特氏海兰珠的居所。

永福宫坐西朝东，面阔五间，硬山顶。皇太极时期为庄妃博尔济吉特氏布木布泰的居所。

麟趾宫坐西朝东，面阔五间，硬山顶。皇太极时期为贵妃博尔济吉特氏娜木钟的居所。

衍庆宫坐东朝西，面阔五间，硬山顶。皇太极时

硬山顶 即硬山式屋顶，我国传统建筑双坡屋顶形式之一。房屋的两侧山墙同屋面齐平或略高出屋面. 屋面以中间横向正脊为界分前后两面坡，左右两面山墙或与屋面平齐，或高出屋面。高出的山墙称风火山墙，其主要作用是防止火灾发生时，火势顺房蔓延。然而从外形看也颇具风格。常用于我国民间居住建筑中。

沈阳故宫清宁宫

沈阳故宫十王亭

期为淑妃博尔济吉特氏巴特玛璪的居所。

在崇政殿和高台两侧各有一组建筑，东所位于清宁宫的东侧，修建于1756年，是清帝东巡时太后居住的地方。自南向北依次为琉璃宫门、垂花门、颐和殿、介祉宫、宫门、敬典阁。

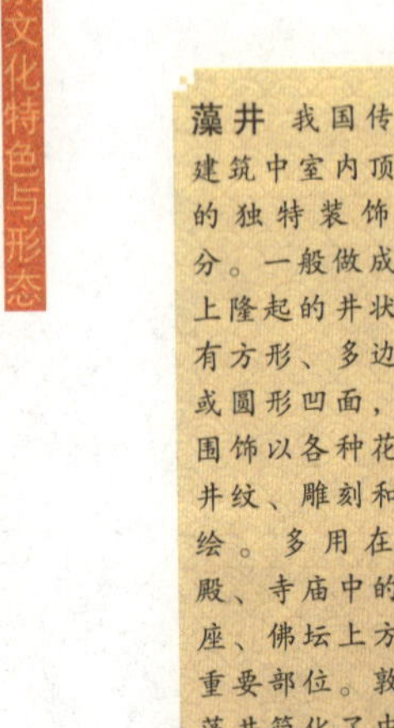

藻井 我国传统建筑中室内顶棚的独特装饰部分。一般做成向上隆起的井状，有方形、多边形或圆形凹面，周围饰以各种花藻井纹、雕刻和彩绘。多用在宫殿、寺庙中的宝座、佛坛上方最重要部位。敦煌藻井简化了中国传统古建层层叠木藻井的结构，中心向上凸起，四面为斜坡，成为下大顶小的倒置斗形。

颐和殿面阔三间，单檐歇山顶，绿剪边黄琉璃瓦，是太后接受朝贺拜见的场所，左右各有三间厢房，是未成年皇子居住的地方。

介祉宫面阔五间，单檐硬山顶，为太后寝宫和日常起居场所。敬典阁为三开间二层楼阁，重檐歇山顶，阁内存放清朝宗室玉牒。

西所位于清宁宫的西侧，修建于1756年，是清帝东巡时皇帝、皇后及嫔妃居住的地方。自南向北依次为琉璃宫门、垂花门、迪光殿、保极宫、继思斋、宫门、崇谟阁、七间殿。

迪光殿为皇帝处理政务、接受拜见的场所，形制同颐和殿，左右有抄手游廊。

保极宫为皇帝寝宫和起居之所，为五开间硬山顶建筑，左右有抄手游廊与迪光殿相连，殿后有穿廊通往继思斋。继思斋为后妃居所，面阔、进深各三间，三卷勾连搭悬山卷棚顶，殿内用隔断分为九间寝室。崇谟阁存放清朝历代实录、圣训和《满文老档》。

东路建筑以大政殿为主体，两侧辅以十王亭。大政殿原名“笃恭殿”，重檐八角攒尖式，八面出廊，均为“斧头眼”式隔扇门，下面是一个高约1.5米的须弥座台基，绕以雕刻细致的荷花净瓶石栏杆。

殿顶铺黄琉璃瓦镶绿剪边，正中相轮火焰珠顶。殿内有精致的斗拱、宝座和藻井。

十王亭位于大政殿前长195米，宽80米的广场上，自北向南排列，东侧自北向南为左翼王亭、镶黄旗亭、正白旗亭、镶白旗亭、正蓝旗亭；西侧自北向南为右翼王亭、正黄旗亭、正红旗亭、镶红旗亭、镶

抄手游廊 我国传统建筑中走廊的一种常用形式。多见于四合院中，连接和包抄垂花门、厢房和正房。它既可供人行走，又可供人休憩小坐，观赏院内景致。抄手游廊的名字是根据游廊线路的形状而得名的。一般抄手游廊是进门后先向两侧，再向前延伸，到下一个门之前又从两侧回到中间。

沈阳故宫文溯阁

■ 沈阳故宫嘉荫堂戏台

蓝旗亭。

十王亭是左右翼王和八旗办公的地方。南为大红墙，清初为开放式广场，以木栅与宫外相隔。

大政殿前的两文溯阁是西路建筑的主体。辅助建筑有仰熙斋、嘉荫堂。

嘉荫堂是皇帝、皇后和太后听戏的地方，为五开间硬山卷棚顶，正中一间开门。嘉荫堂对面为面宽9米的戏台，戏台之南为“扮戏房”，就是演戏时的“后台”。

扮戏房以北戏台两侧各有游廊七楹，东侧西向，西侧东向，南北分别与扮戏房、嘉荫堂之两山相接，构成四面封闭的空间，有利于演出时获得较好的音响效果。四周有环廊连接嘉荫堂和扮戏房，是王公大臣赏剧的地方。

文溯阁建于1782年，是专为贮存《四库全书》所建成的全国七阁之一，也是建在宫廷中的最大的一所

琉璃瓦 据文献记载，琉璃一词产生于古印度语，随着佛教文化而东传，其原来的代表色实际上是蓝色。我国古代宝石中有一种琉璃属于七宝之一。现在除蓝色外，琉璃也包括红、黑、黄、绀蓝等色。施以各种颜色釉并在较高温度下烧成的上釉瓦因此被称为琉璃瓦。

图书馆。

在东山墙边有一座方形碑亭，内立乾隆撰写的《御制文溯阁记》石碑，正面为《文溯阁记》，背面为《宋孝宗论》，此碑记录了文溯阁修建的经过和《四库全书》的收藏情况。

文溯阁分为两层，每层六间。殿顶用黑琉璃瓦镶绿边，廊柱用绿色而不是红色，这样做目的在于取《易经》“北方壬癸水”其色属黑，因此屋顶用黑色琉璃瓦，寓意水从天降，强调防止火灾。

沈阳故宫博物院不仅是古代宫殿建筑群，还以丰富的珍贵收藏而著称于海内外，故宫内陈列了大量旧皇宫遗留下来的宫廷文物。

阅读链接

1621年，努尔哈赤率领八旗大军进入了辽东地区，他将都城迁至辽东重镇辽阳，并准备在辽阳大兴土木，修筑宫室。

然而，出人意料的是，1625年3月的一天，努尔哈赤突然提出要迁都盛京，即沈阳，很多部下持反对意见，但努尔哈赤坚持自己的主张。

努尔哈赤为何如此坚持己见要迁都？

民间一直流传：努尔哈赤深信“风水之学”，按照风水先生的指点，他在当时的城西南角修建娘娘庙；在东门里修建弥陀寺；在风岭山下修建千佛寺，想用三座庙把神龙压住，以保龙脉王气。

但是，三座庙宇只压住了龙头、龙爪和龙尾，城里的龙脊梁并没被压住。于是龙一拱腰，就飞腾而去，一直向北飞到浑河北岸。

努尔哈赤以为龙是奉天旨意，命他在龙潜之地再修造城池，于是一座新城便拔地而起，并将此地命名为“奉天”。后又因为浑河古称沈水，而河的北岸为阳，所以又将此地称为“沈阳”。

具有千年历史的火炕

火炕在关东地区历史悠久，在当地人生活中长期占据着重要地位。火炕的使用，在关东地区至少在2000多年前就开始了。从考古资料看，火炕应该是黑龙江流域先民沃沮族人的伟大发明。

在黑龙江省东宁团结村挖掘的沃沮族遗址中，被考古学家称作低火墙或烟道大墙式样的，就是早期的火炕。那时的火炕是单洞的，通道很窄，还没有完善进步到后来火炕的程度。

北方人家的火炕

土坯制作的火炕

那时，火炕都是用土坯搭的。关东地区的百姓把草和泥合在一起，按在固定的模子中，脱成一块块一尺长短的土坯。

坯在阳光下晾干，就可以用来搭火炕。其中铺在炕面子的坯，叫“炕面子坯”。炕面子坯要特意加工结实，防止被人压塌了。

垒炕时先在地上用土垫高至炕高的一半，夯实后再用土坯砌成两头弯形的烟道。也可以先砌烟道，再在其中填上土，这样就更结实了，也使炕面不易下沉。

烟道里还有几个存烟灰用的叫作“灰膛”的坑。烟道垒好后就是安炕面了。炕板是事前在平地上用四根木条围成一个矩形框，放上几根木棍并填充上泥巴，晾干后去掉框就成了一个炕板。

用土坯砌炕墙和烟道，然后砌炕板，最后一面与烟囱相接，一面与锅灶相通。这样一个火炕就修葺成了。

炕有很多种，辽金时期女真族的“环室”，就是一种炕。

女真族 又名女贞、女直，我国古代生活于东北地区的古老民族，是后来满族、赫哲族、鄂伦春族等的前身。6世纪至7世纪称“黑水靺鞨”，9世纪起始更名女真。

沃沮族 公元前2世纪至公元5世纪东北的一个部落，属濊貊系统，可分为北沃沮与南沃沮。南沃沮又名东沃沮。北沃沮人主要居住在黑龙江的东南和吉林的东北地区。南沃沮主要居住在高丽地区。

关东火炕艺术蜡像

据古书记载：

环室穿木为床，煴火其下，饮食起居其上。

“环室”是指明室内不仅一个方向有炕，而是环绕着室内都有炕。环室发展至后来，就形成了满族民居中南、西、北三面相连的转圈炕和拐弯炕，俗称为“万字炕”或“弯子炕”。

万子炕环室为炕。室内南北对起通炕，西边砌一窄炕，也有的西炕与南、北炕同宽的，与南、北炕相连，构成了“冂”字形。烟囱通过墙壁通到外面，炕面较为宽大，有两米多宽。

万字炕或弯子炕和东北地区许多民间礼俗有着密切关系。

在旧时关东地区老少几代同居一室的大家庭中，

宗谱 家谱，又称族谱、家乘、祖谱、宗谱等。一种以表谱形式，记载一个以血缘关系为主体的家族世系繁衍和重要人物事迹的特殊图书体裁。家谱是一种特殊的文献，就其内容而言，是我国五千年文明史中最具有平民特色的文献。

南炕因向阳温暖，是家中长辈居住之处，其最热乎的“炕头儿”位置，即靠近连炕锅灶的一侧，供家中辈分最高的主人或尊贵的客人寝卧，北炕则是家中晚辈居住或作烘晾粮食之用。

佛爷 清代皇帝的称呼。清朝帝王所以用“老佛爷”这个称呼，是因为满族的祖先女真族首领最早称为“满柱”。“满柱”是佛号“曼殊”的转音，意为“佛爷”、“吉祥”。清朝建立后，将“满柱”汉译为“佛爷”，并把它作为皇帝的称呼。

西炕一般不住人，在满族人家则是特殊的地方，满族家庭生活以炕为中心，其饮食起居都与炕分不开，所以对炕也很讲究。

传统上有“西炕为大”的习俗。西炕为至尊的位置。家人不许坐卧，不在西炕进食，不许客人坐卧，不置放一般人的画像，更不允许乱放杂物。

满族人家居室的西墙为供奉家中“祖宗神位”的地方，因此，西炕也称为“佛爷炕”。西墙上供奉的佛爷匣子是极为神圣的，一般人不能随便看。

匣子里珍藏着本民族祖先、民族功臣及本氏族、民族尊崇的人物，还有宗谱等，记载着家族历史的兴衰及祖先的功绩，所以炕上只摆设祭器供品。

室内陈设也与万字炕格局相应。南北炕炕梢，

万字炕

即靠房山墙的一端要摆放炕柜，上面叠放被褥枕头等寝具卧具，俗称“被格”。西炕上则放与炕长相等的“堂箱”，装粮食和衣物。箱盖上摆放香炉、烛台等供器以及掸瓶、帽筒、座钟等日用陈设。

关东地区的许多人家，儿子聚妻生子后，仍与父母同住一屋。为了避免不便，常是把两三开间的居室用木板糊纸作为“软间壁”，从炕面至房梁栅成里外两个空间。也有的是在相应位置设活动的栅板，白天撤去，晚间安放。

此外，在与炕沿平行的正上方，从栅顶吊下一根长竿，称为“幔竿子”，用以悬挂幔帐，晚间睡觉时可以放下，避免头顶受风着凉，也可以起到南北炕之间的遮挡作用。

火炕最主要的功能是取暖，因为烧炕要通过做饭的锅灶，所以只要吃饭、烧水，炕就是热的。由于火炕具有的独特取暖功能，后来还被满族人引进了皇宫内。东北地区的大炕，是寒冷气候下一种极富聪明才智的创造，它曾温暖了许许多多粗犷豪放而憨厚纯朴的东北人。

阅读链接

东北地区在火炕出现之前，人们主要居住方式之一是穴居。人们居住在地下的穴里，开口在地面，而且开口没有门，人进出要借助于梯子。穴居屋内中央是炉灶，炉灶不但用来做饭，还用来防潮湿、取暖。

那个时候古人还没有发明烟道。炉灶的烟火只能是自然上升，从开口冒出去。穴居的部族，素有“穴深为贵”的风俗，因为穴挖得越深，人们头上的空间越大，就越少受烟熏湿蒸之苦。

在大兴安岭林区，冬天在野外作业，无法正式盖房子，晚上住的临时住所就是这样的形制，被称为“地窨子”。就是在地上挖一个一米多深的长方形大坑。在坑沿上方再垒半米多高的矮墙，再棚上盖子。坑里面搭上火炕，垒上锅台。出入居所也需要借助于梯子。

绵延不绝的长城文化

在春秋战国时期，地处北方的燕国为了防御东胡人的侵扰，开始修筑长城。在当时，赵国出于同样目的，也开始修筑长城。与东北地区有直接关系的是燕长城。

辽东长城遗址

金界壕遗址

后据考古测定，燕国所修长城，大约起于河北省张家口，向东北延伸，经内蒙古自治区多伦、独石等境，东经河北围场，自赤峰，进入辽宁省境内，经过建平、阜新、彰武、法库、开原等地，跨越辽河，再折向东南，又经辽宁新宾、宽甸，向东直达鸭绿江畔，长达12000千米，几乎把辽宁全境囊括在长城以内了。

秦朝开国皇帝秦始皇统一中原后，又将各段长城连接起来，长度达万余千米。

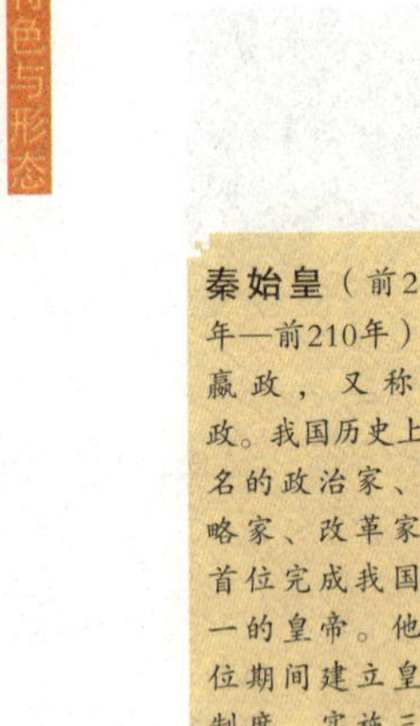

秦始皇（前259年—前210年），嬴政，又称赵政。我国历史上著名的政治家、战略家、改革家，首位完成我国统一的皇帝。他在位期间建立皇帝制度，实施三公九卿，废除地方分封制，代以郡县制，统一度量衡，修筑万里长城。

据史书《史记·蒙恬传》记载：

> 因地形，用险制塞，起光，至辽东，延袤万余里。

其中辽东段长城，基本沿袭燕长城的走向。秦始皇连接长城的目的，就是为了防御北方少数民族匈奴的不断侵扰。

自汉代以后，历魏晋南北朝、隋、唐、五代十国，至北宋、辽金、元各朝代，由于多种原因，都没有对长城进行大修，只是在秦长城的基础上，进行过小规模的修整。

南北朝时期北齐修筑了从山西省大同西北向东到渤海这段长城，就是后来山海关这一带地方。这是一段新起的长城线路，为后来明朝在这里修建山海关奠定了基础。

辽朝是东北古代契丹人建立的王朝政权，它在东北的南、北方向修筑了长城。南部长城主要设置在辽宁大连金州的南关岭附近，这里是黄、渤两海在辽东半岛上的最狭窄的地段，辽代称为“镇海长城”。

北部长城则修筑在满洲里和贝加尔的丘陵地带。辽代长城多为夯土版筑、壕墙紧密结合的特殊的长城。

金朝的建立者是东北古族肃慎的后裔女真族，一

燕国 公元前11世纪周王朝分封的诸侯国。姬姓，开国君主是燕召公奭，位置在后来的北京、河北北部、辽宁西部一带。在燕昭王时，随着国力的强大，疆域也大为拓展。公元前222年，燕国被秦国所灭。

契丹 我国古代东北地区的一个民族。自北魏开始，契丹族就开始在辽河上游一带活动，唐末建立了强大的地方政权，唐灭亡的907年建立契丹国，后改称辽，统一我国北方。

金长城遗址

敕书　皇帝任官封爵和告诫臣子的文书。敕书最早是由西汉皇帝命令之一的戒书发展而来的。后来，经魏晋南北朝继承沿用，至唐宋元代敕书的种类有所增加。明清时期，敕书的用途更为广泛，规格形式也更为完备。

直受到北方蒙古族的威胁，便不断修筑长城，以防侵扰。金代长城又称为“界壕”、“边堡”、“边墙”等。

金代的长城东起嫩江流域的莫力达瓦旗，西至阴山山麓，全长约5000多千米。这是我国北方地区最北部的一条万里长城。

金长城的结构也是壕堑结合，先在墙的北部连续深掘两道或三道又深又宽的壕堑，用以阻挡蒙古强悍的骑兵。墙体则为夯土版筑而成，很少用砖，在重要的开阔地带往往修筑三道或数道城墙，长城的内侧按照等距离修筑有常驻军队的戍堡。

至明朝时期，明朝朝廷对长城进行了大规模修整，并建造了山海关，这对东北地区的发展产生了深远的历史影响。

山海关的建成，很快就显示了它在政治上，特别是在军事上的重要战略地位。山海关与长城相连，

辽东明长城

山海关城楼

以城为关，城高14米，厚7米，有四座主要城门，其北倚燕山，南连渤海，山与海之间，仅一线之通，地理位置非常重要，是明长城最重要的东北关隘之一。

山海关第一次把华北与东北截然分开，自此便成为两大区域的天然分界线。

在明朝时，人们把山海关以东的地区称辽东，即辽宁地区全境，统称“关外”，而把山海关以西，即长城内侧，统称“关内”，后又渐称“关里”。山东人、河北人、山西人，乃至江南地区的人居住在关里，统称他们为“关里人”。

在明代官方文件及官书如《明实录》中，又把关外称为“畿东”、“京东”，与“关外”具有同样含义。

明代在东北地区的行政建置，实际划分南北两个大行政区。南部行政区，北自辽宁开原，南达旅顺，西起山海关，东抵鸭绿江畔，相当于后来辽宁全部地区。

这一地区，明称为辽东，又称为“辽左”，是以其位居京师的左侧而称呼，被视同人的左臂，不可或缺。明朝为了防御蒙古族的袭扰，特在沿长城一线设军事重镇九座，辽东列为“九边”重镇之首。

自辽宁省开原以北，至黑龙江两岸，东至乌苏里江以东，北抵外兴安岭，为北部行政区。与辽东不同的是，明政府不往北部行政区派官，皆以当地少数民族的酋长作为各卫所的都指挥使司等官，管理当地各民族。

当地各民族定期向朝廷朝贡，与明朝保持着政治上的隶属关系。这样，在整个东北地区，以两大都司分辖南北，构成了明朝统治东北的政治与军事体系。

明朝朝廷出于对蒙古人和女真人的高度戒备心理，严加限定他们进入辽东地区，设置了开原三个关口，作为他们进贡的通道。他们进贡时明朝发给进贡者敕书，只有持有敕书的人才允许进关进贡，其他女真人或蒙古人是不可以随意进入辽东的。

明朝朝廷除了这种严格限制外，还在辽东地区如辽宁北镇、开原、抚顺等开设马市，允许少数民族来此与汉人贸易。开市与闭市均有时间限制，当集市结束，他们必须返回自己的地方，不得留在辽东。

在清朝时期，清政府没有了北方少数民族的侵扰，因此不再修建长城，但却对山海关十分珍视，这里成了关内关外重要的通道和关卡。

阅读链接

在吉林省四平梨树境内的北老壕村，这里有古代长城的影子，经过岁月洗礼，这里可看到两侧长着小绿草的毛道、小土包、壕塄子、悬崖峭壁、荒草、丛林、农田，其中壕塄子就是古代的老边岗土长城的墙体，原本呈马槽形结构，黄土断面是长城，黑土断面是沟壑。

老边岗长城都是简单夯土砌筑的墙，从残存的墙体依稀还能看见像鱼脊后背一样的微微隆起的带状轮廓。沿线的小土包，基本上是烽火台，古时用于瞭望，如果发现情况，白天放烟，黑天放火，发出信号。

东北三宝和东北四珍

东北三宝是指历史上关东地区的三种土特产：人参、貂皮与乌拉草。不同年代不同地区对东北三宝有不同的说法，曾有过“人参、鹿茸与靰鞡草”的提法。

人参

靰鞡草即乌拉草，因为乌拉草逐渐失去实用性，所以东北三宝后来改为：人参、貂皮、鹿茸角。

有种说法是这样的：“人参、貂皮与鹿茸角”这三宝是有钱人的说法，“人参、貂皮与靰鞡草”是穷人的说法。因为关东地区天气寒冷，穷人把靰鞡草填在鞋子里，能保证脚不被冻坏，所以靰鞡草是穷人的宝。而富人有温暖的棉靴，就不认为靰鞡草是宝了。

人参，又叫“人葠”，俗称“棒

东北野山参

槌”，属五加科多年生草本植物，为珍贵药材，被人们称为“百草之王”。由于人参根部肥大，形若纺锤，常有分叉，全貌颇似人的头、手、足和四肢，故而得名。

在古代，人参有许多别名，如：神草、王精、地精、黄精、血参、人衔、人微等，人们所说的“百草之王”是从满语中翻译过来的。满族人称人参为“奥而厚达”，“奥而厚”是草类总称，“达”为首领、头人之意。

在我国医药史上，使用人参的历史十分久远。早在战国时代，良医扁鹊对人参药性和疗效已有了解；秦汉时代的《神农本草经》将其列为药中上品；汉代名医张仲景的《伤寒论》中共有113方，用人参者即多达21方；相传明代医药学家李时珍的父亲李言闻曾有《月池人参传》专著。

《伤寒论》是我国一部阐述外感及其杂病治疗规律的专著。作者是东汉末年名医张仲景。全书共10卷，22篇，398法。该书总结了前人的医学成就和丰富的实践经验，并结合自己的临床经验，系统地阐述了多种外感疾病及杂病的辩证论治，理法方药俱全，在中医发展史上具有划时代的意义和承先启后的作用。

按照生长方式，人参有野山参、移山参、园参三种；按照炮制方法，人参可分为：红参、白糖参、生晒参、保鲜人参、活性人参等。其中，野山参即为我国关东地区人参。

在历史上，野山参主要分布于太行山脉上党一带，长白山脉及其迎山区和大、小兴安岭一带的林区。现在野生人参主要分布在辽宁东部山区，吉林的长白山脉及近地山区和黑龙江的大小兴安岭一带的林区里。

人参中含有人参皂甙、人参宁、挥发油、人参酸、甾醇等多种成分和许多有机物、无机物及维生素等，有其他药品所不能比拟的特殊药用价值和疗效。能补血养气、固津生液、调节神经、开心明目、益智安神、降压健胃等，对于治疗久病衰弱者非常有效。

人参不仅有独特的药用价值，还可以制造许多方面的深加工产品，有很高的经济价值。此外，在文学名著中，有关人参的传说故事更是不胜枚举，如：《西游记》中猪八戒吃人参果；《红楼梦》中王夫人翻柜找人参等。

《西游记》 我国古典四大名著之一，成书于16世纪，主要描写了唐僧、孙悟空、猪八戒、沙悟净师徒4人去西天取经，历经九九八十一难的故事。故事内容丰富，故事情节完整严谨，故事人物塑造鲜活、丰满，语言朴实通达。

传说中，人参是一种“土行孙”式可在地下行走的植物，挖掘之时要小心翼翼地围捕，防止它跑掉。

人参每次出土，相隔数十年。人参总在地下隐居百年以上，需要在林间、岩下、腐土、低温、背阴向阳、倚水又排水良好，每日阳光照射三至五小时等条件下，才有珍贵的结果。东北土话“七两为参，八两为宝”，表示大的优质的人参来之不易。

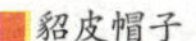
貂皮帽子

貂是一种极其凶猛的动物，形似家猫，体重约1000克，体长约40厘米。貂又分为紫貂和水貂两种。所谓紫貂又称

鹿茸

黑貂、林貂，东北地区称为“大叶子”，因皮毛略呈粽褐色，所以得名。在我国，紫貂主要生活在大小兴安岭以及长白山的针阔叶混交林带中和新疆阿尔泰山余脉，数量极少。

貂皮具有“风吹皮毛毛更暖，雪落皮毛雪自消，雨落皮毛毛不湿”的三大特点。素有“裘中之王”的美称。貂皮属于细皮毛裘皮，皮板优良，轻柔结实，毛绒丰厚，色泽光润。用它制成的皮草服装，雍容华贵，是理想的裘皮制品。

在貂皮中，又以紫貂皮最为名贵，由于紫貂皮的产量极少，致使其价格昂贵，所以才有“裘中之王”的美称，也由此又成为了富贵的象征。

梅花鹿是一种中型的鹿类，它全身都是宝，所以古时候人们把鹿称作“神兽”。但是鹿身上最珍贵的东西要算是鹿茸了。

鹿茸就是未骨化的生长在雄鹿的额上的角，它是一种有组织的结构，为真皮衍生物。鹿茸含有丰富的复合蛋白质和激素，以及磷酸钙、胶质软骨素等化学成份，是一种高级补品和名贵药材。

鹿茸能温肾壮阳，生精益血，强筋补髓。主治虚劳羸疲，血虚眩晕，腰膝酸痛，萎滑精，虚寒血崩等病。

由于原动物不同，鹿茸可分为梅花鹿茸和马鹿茸两种，梅花鹿茸的质量要好于马鹿茸。按枝叉多少及老嫩不同，鹿茸又可分为鞍子、二杠、挂角、三岔、花砍茸、莲花等多种。二杠茸质量好，但产量低。马鹿鹿茸主要产于大兴安岭。梅花鹿鹿茸主要产于长白山，均出自东北。

《孟子》 我国一部儒家典籍，记录了战国时期思想家孟子的治国思想和政治策略，是孟子和他的弟子记录并整理而成的。《孟子》在儒家典籍中占有很重要的地位，与《论语》《大学》《中庸》合称为“四书”。

作为旧东北三宝之一的乌拉草主要产于关东森林地区沼泽或三江平原草甸沼泽中。根状茎紧密丛生。秆三棱形，基部具有光泽的褐色叶鞘。

叶细条形，对折，边缘粗糙。其叶细长柔软，纤维坚韧，不易折断，为草鞋、草褥、人造棉、纤维板等的良好材料，将原植物茎叶锤打后放入毡靴中，有极好的御寒作用。

旧时关东人用皮革缝制、内絮捶软的乌拉草做防寒鞋，“乌拉”是满语，皮靴的意思，乌拉草鞋成为关东普通百姓心爱的“草履”，它曾经温暖了一代又一代关东人。

熊掌、林蛙、飞龙、猴头蘑是东北山珍中最具代表性的品种，被称为“四珍”。

东北黑熊

《孟子》记载：

鱼，我所欲也；熊掌，亦我所欲也，二者不可得兼，舍鱼而取熊掌者也。

熊掌多连皮带毛，并有前后掌之分。前掌较小，长约15厘米至20厘米，掌花明显，胶质多，掌面较宽肉质较香。后掌较长，长约二三十厘米，掌花不明显，

东北飞龙

掌面较窄，气腥略臭，质量不及前掌。

在我国，熊掌主要产于黑龙江、吉林等地。

林蛙又名雪蛤，是生长于关东长白山林区的一种珍贵蛙种，由于其冬天在雪地下冬眠100多天，故又称“雪蛤”。林蛙油又称“雪蛤油”，就是雌性林蛙的输卵管，俗称哈士蟆油或哈蟆油，为林蛙的精华，药用价值极高，是集食、药、补为一体的纯天然绿色佳品。

清史《辽海丛书》记载：

哈士蟆形似田鸡腹有油如粉，可做羹，味极美，唯兴京一带（抚顺东部区清原、新宾）有之。

明代时林蛙被列为四大山珍之一。从清代起作为贡品上贡朝廷。

飞龙，又叫榛鸡，是黑龙江大兴安岭地区一种鸟类，属于鸟纲松鸡科，体形很像鸽子，雄鸟体长近40厘米。肉质洁白细嫩，前胸肌脯硕大丰满，颈骨长而弯曲，腿短有羽毛，爪面有鳞。

飞龙鸟多栖息于灌木丛或松桦树混交林中，雌雄成双成对，形影不离，有“林中鸳鸯”的美称。

猴头蘑又叫“猴头菇”，是生长在关东深山林区齿菌科的一种菌类，因外形似金丝猴的头，因而得名。

猴头菇是我国传统的名贵菜肴，其肉嫩、味香、鲜美可口，有“素中荤”之称，也有“山珍猴头、海味燕窝”的美誉。猴头菇菌伞表面长有毛茸状肉刺，长约1厘米至3厘米，子实体圆而厚，新鲜时白色，干后由浅黄至浅褐色，基部狭窄或略有短柄，上部膨大，直径3.5厘米至10厘米。

猴头菇进入人们的饮食生活由来已久，古籍《临海水土异物志》记载："民皆好啖猴头羹，虽五肉臛不能及之"。

相传在3000年前的商代，已经有人采摘猴头菇食用。但是由于猴头菇"物以稀为贵"，这种山珍只有宫廷、王府才能享用。

《临海水土异物志》记载三国时东南沿海及台湾人民及台湾民族风土物产的著作，也是记载台湾历史的最早著作。从中可以了解我国古代农业科学知识，还可以了解古越人的生产知识和生活状况。此外，本书还记载了丰富的动植物知识。

阅读链接

在东北挖野山参，俗称"放山"。

挖参人一字排开，用木棍拨开野草，寻觅人参，期间严禁说话，更不准吃东西。因为据说，一旦惊动了穿红肚兜的人参娃娃，人参就跑了。

谁发现了人参，便立即将木棍插在地上，用系了古铜钱的红线拴在人参茎上，并在人参下面铺上一块红布。因为据说，人参娃娃有遁土而逃的本事，拴上红线就跑不掉了。

做完这一切，挖参人才喊一声"棒槌！"。

其他人忙问："什么货？"

回答："四品叶！"

众人一听，高兴地说："快当！"意思是顺当。

挖参要用木刀、鹿角，因为铁器过于锋利，碰上人参就会划破了。与别的花草往下扎根不同，人参是贴紧地面平卧着的，其根须则向上生长，以便吸收表土的养分。

因此，挖参须从人参的外围开始，自远而近，由下往上，一点一点地挖。一棵野山参终于挖出来了，然后用桦树皮和青苔，把参包扎起来。有柔软、湿润的青苔裹着，外面再包上桦树皮，人参就不会干瘪了。

极富地方色彩的饮食

多元文化的大融合为关东饮食，提供了极其丰厚的土壤。再加上关东地区物产丰富，饮食原料门类齐全，更使得关东饮食有了发挥的基础。

关东地区的饮食风俗极富地方色彩，既显现出当地特产丰富，又

东北饽饽

反映出当地民族豪放的性格。

由于气候、习惯等原因，关东地区一日习惯3餐，主食杂粮和米麦兼备，其中黏豆包和高粱米饭最具特色。

以饽饽和萨其玛为代表的满族茶点是《满汉菩翅烧烤全席》中的重要组成部分。蔬菜以白菜、黄瓜、番茄、土豆和干菜为主。肉品中爱吃白肉、鱼虾蟹蚌和野味。

■高粱米

关东地区是一个多民族杂居的地方。北魏贾思勰所著的《齐民要术》一书中，曾记述了北方少数民族的“胡烩肉”、“胡羹法”、“胡饭法”等肴馔的烹调方法，说明其烹调技术很早就具有较高的水平。

辽宁沈阳是清朝故都，宫廷菜、王府菜众多，东北菜受其影响，制作方法和用料更加考究，又兼收了京、鲁、川、苏等地烹调方法的精华，形成了富有地方风味的东北菜。

东北菜烹调以炖、酱、烤、扒、炸、蒸见长。许多东北菜肴表现了嫩而不生、透而不老、烂而不化或者外脆里嫩、外酥内烂的特征，口味醇厚香浓，造型美观，丰富又实惠。

许多东北菜为人所熟知：小鸡炖蘑菇、红扒熊掌、三鲜鹿茸羹、美味鼻、白松大马哈鱼、排骨炖豆角、猪肉炖粉条等极具区域特征。

《齐民要术》

世界农学史上最早的专著之一，是我国现存的最完整的农书。书名中的“齐民”，指平民百姓。“要术”指谋生方法。《齐民要术》系统地总结了6世纪以前黄河中下游地区农牧业生产经验、食品的加工与贮藏、野生植物的利用等，对我国古代汉族农学的发展产生有重大影响。

小鸡炖蘑菇

其中，小鸡炖蘑菇是一道满族传统风味菜肴，也是满族八大碗中的一道名菜，即是用干蘑菇、鸡肉和粉条一同放进锅里炖制而成。炖鸡的蘑菇最好选用野生的细杆小薄伞的榛蘑，榛蘑可以最大程度衬托出鸡肉的鲜香。

关东八大碗历史久远，植根于百姓之中，是东北汤菜的代表。农家喜庆宴席上离不开它，酒楼传统佳肴也是榜上有名。“八大碗”源于满族食俗，八旗子弟崇尚“大碗喝酒，大块吃肉”的粗犷饮食文化，是其祖先的游牧生活习惯的真实的写照。

八大碗原料多以畜类、禽类肉为主，配以山珍和季节蔬菜，烹调技法多用炖、烩，以大锅烹制，汤菜结合，酥烂入味，咸鲜、酸辣、香醇特色突出，充分体现了满族人正直豪放的气概。

八大碗流传至今，仍为现代人津津乐道，捧为珍馐，除在传统技艺上有所改革，以适应时代潮流外，更重要的是北方气温较低，一年四季，几乎有一半时间里是冰天雪地，人们需要补充大量的热量，去抵御严寒，浓厚的口味，半汤半菜的炖品，正好能够满足这样的需要。

八大碗的做法有粗细之分，细八大碗指：熘鱼片、烩虾仁、全家福、桂花鱼骨、烩滑鱼、川肉丝、川大丸子、松肉等；粗八大碗有：炒青虾仁、烩鸡丝、全炖蛋羹蟹黄、海参丸子、元宝肉、清汤鸡、拆烩鸡、家常烧鲤鱼等。

八旗　我国古代满族的社会组织形势，由清太祖创建的军队制度，初建时设有黄旗、白旗、红旗、蓝旗四旗，后来改为正黄、正白、正红、正蓝四旗，并且增设了厢黄、厢白、厢红、厢蓝四旗，合称八旗，统率满、蒙、汉族军队。

八大碗往往用于宴客之际，每桌8个人，桌上8道菜，上菜时都用清一色的大海碗，看起来爽快，吃起来过瘾，具有浓厚的乡土特色。关东人深深的情谊，全部倾入在这浓浓的热汤中。

吉菜是植根于吉林这块黑土地而创立的一个菜系，被誉为我国烹饪领域的一朵绚丽的奇葩。

吉菜，是指利用吉林特产或主产原料，运用吉林特有的烹饪工艺，结合吉林各民族饮食文化和习俗而形成的风味菜。同时吉菜名称还包含吉祥、吉庆、吉利等喜庆之意。

家常烧鲤鱼

八大碗熘鱼片

吉菜具有深厚的文化底蕴，它的形成、发展与吉林的地理、历史、经济、民族、文化、风俗、资源等因素密切相关。吉林处于关东地区的中部，土地肥沃，具有极为丰富的动植物资源，是吉菜发展的有利条件。

吉菜历史悠久，早在3000年前满族的祖先肃慎就定居在白山黑水之间，过着渔猎生活。吉林地区自古还有汉族、朝鲜族、蒙古等民族在这里繁衍生息，各民族文化和饮食习惯不同，各民族特有的饮食习惯融合起来，就形成了独特的多元化饮食文化。

吉林菜肴经过多年的民族融合，已经形成了以民族、地域、烹调技法、饮食习俗为特点的吉林风味菜肴，深受关东地区人们的喜爱。

在烹调技法上，吉菜受鲁菜影响较大，同时又融入了满族、蒙古族、朝鲜族的饮食特色。吉菜烹饪精巧细致，擅长熘、爆、烧、烤、扒、炖、酱、拔丝，精烹山珍野味，讲究火候，擅长勺工，并且注意复合技法和吸收其他菜系烹饪技法。

黑龙江菜系又称“龙江菜”，以烹制山蔬，野味、肉禽和淡水鱼虾技艺见长，讲究口味的香醇、鲜

鲁菜 鲁是山东的简称，鲁菜就是山东菜，是我国著名的四大菜系之一。鲁菜原料多选畜禽、海产、蔬菜，善用爆、熘、扒、烤、炖锅、拔丝、蜜汁等烹调方法，偏重于酱、葱、蒜调味，善用清汤、奶汤增鲜，口味鲜咸脆嫩，风味独特，制作精细。

嫩、爽润、咸淡相宜，以珍、鲜、清、补和绿色天然食品著称，是我国烹饪艺苑中的另一枝奇葩。

黑龙江菜由哈尔滨、牡丹江、伊春、黑河等地风味菜组成。代表菜有红烧大马哈鱼、烤狗肉、叉烧野猪肉、烩鹿尾、飞龙汤等。

龙江菜有着自己独特的文化传承，它也蕴含了多个民族的文化，是任何其他饮食文化都不可取代的。历史上龙江菜与南方菜系最大的不同是以大酱为主要调味品，女真人最喜欢食用大酱，臣下做得好的大酱要送给皇帝品尝，否则会被视为不敬的罪状。

1226年，金国第九位皇帝金哀宗在蒙古军的强大攻势下，被迫逃到了现在的河南商丘。

3月，元帅蒲察官奴作乱，杀参政知事石盏女鲁欢之前说："汝自车驾到府，上供不给，好酱亦不与，汝罪何辞？"

最后命令军士到石盏女鲁欢的家，检查出20缸大酱，然后把他杀掉。历史上有人因为没有进贡大酱被杀，也可以看作是奇闻，从中可以看出大酱在女真饮食历史上及后来在关东菜中的重要性。

单从菜系上说，关东菜系是游牧民族饮食文化的延续。辽宁、吉林、黑龙江的

酱 以豆类、小麦粉、水果、肉类或鱼虾等物为主要原料，加工而成的糊状调味品，酱起源于我国，有着悠久的历史。随着酱制作工艺的进步，后来制酱之法也用于烹制其他非佐料菜肴，逐渐发展出一种烹调菜肴的方法。

拔丝 我国甜菜制作的基本方法之一，就是将过油预制的熟料放入调好糖浆的锅内搅拌浆——装盘热吃。拔丝大致分为两种：一种水炒糖，一种油炒糖。著名拔丝菜肴有拔丝苹果、拔丝山药、拔丝红薯、拔丝金枣等。

叉烧野猪肉

东北乱炖

饮食脱胎于同一个母体，是不可强行割裂的。这个母体就是黑土地上的游牧民族，游牧民族的生活习惯、生活特征赋予饮食独特的文化，使其得以千百年流传。

关东地区历史上典型的烹饪器具是六耳铁锅。铁锅有6个耳朵，是游牧民族独特的标志。

农耕生活有固定的场所，有固定的灶台，锅可以放在台上。而游牧生活，到了栖息地，支上几枝枯木，吊上六耳铁锅，开始把游猎的收获物拾掇干净，再放进各种野菜，煮出一锅浓浓的清香。

游牧的生活特点不可以让人有多余的时间和精力去炒几个菜，只能把想吃的东西全放在一起炖。六耳锅就是这种特殊的生活方式的产物。它便于随时悬挂在树枝上。这种铁锅式的熬炖是关东大炖菜的根源，也是现代火锅的由来，所以直至如今，正宗的龙江菜没有炒菜。

游牧民族 游牧是指终年随水草转移进行流动放牧的一种粗放的草原畜牧业经营方式。牧民长期无固定住所，过着逐水草而居的生活，生产设备相当简陋，经营非常粗放，基本处于靠天养草和靠天养畜的落后状态。游牧民族指的是以游牧为主要生活方式的民族。广义上的游牧民族指的是居无定所的流浪民族，包括草原民族和海洋民族。

朝鲜族是关东地区一个比较有特色的少数民族，冷面和打糕是朝鲜族独具风味的食品，也是人们最喜爱的食物。冷面有着悠久的历史，每年农历正月初四中午，朝鲜族人习惯吃冷面。冷面也叫长寿面，取其纤细绵长，寓意多福多寿。

除此之外，凡遇喜庆节日，或新婚嫁娶，或客来宾至，这也是主人招待客人的食品。冷面的佐料和原料很是讲究，原料多是荞麦面、小麦面，也有用玉米面、高粱面或白薯粉制作的。

佐料种类多样，有牛肉、猪肉、鸡肉、蛋丝、芝麻、苹果等，并以香油拌制，这种冷面吃起来酸甜香辣，清凉爽口，别有风味。

米糕的种类很多，有打糕、切糕、片糕等，其中以打糕为主。打糕是朝鲜族逢年过节、婚丧嫁娶招待宾客的主要食物之一。

做打糕时，先将糯米蒸熟，放在木槽或石臼里，用木槌或石锤打烂成糕团，再放上一些小红豆做的豆

荞麦 我国栽培的主要有普通荞麦和鞑靼荞麦两种，前者称甜荞，后者称苦荞。由于苦荞的种实含有芦丁，所以也称芦西苦荞。荞麦在我国种植的历史十分悠久，公元前五世纪的《神农书》中就有关于荞麦是当时栽培的八谷之一的记载。荞麦中的某些黄酮成分还具有抗菌、消炎、止咳、平喘、祛痰的作用。因此，荞麦还有“消炎粮食”的美称。

朝鲜族辣白菜

沙面，蘸上白糖或蜂蜜，吃起来酥软香甜，风味很浓。

朝鲜族的泡菜，就是辣白菜，历史悠久。是朝鲜族世代相传的一种佐餐食品，深得朝鲜族人的喜爱。

做辣白菜时，先将白菜洗净，切开，用盐腌几天后挤去水分，在每一棵白菜上抹上用胡萝卜、生姜、大蒜、干辣椒、盐等做成的调料，然后一层层码在干净的缸里，每一层白菜上放一层苹果片，装满封缸。

半个月后便可以食用了。按照这种做法做出来的泡菜吃起来香甜酸辣，十分可口。由于其做法简单易学，很多其他民族也学着做，渐渐成为关东地区餐桌上的佳肴。

阅读链接

将黄豆精选，清水洗净，放进锅里加水煮熟，待汤熥净，豆粒用手一捻极酥烂，熄火焖至豆呈红色。然后将豆绞成均匀豆泥。豆泥干湿要适宜，不要过干，也不要过湿。

将豆泥做成大小约为30厘米，横截面约20厘米的酱坯。在室内阴凉通风处晾至酱坯外干，然后在酱坯外裹以一层稍厚的纸，放在阴凉的地方通风处，坯件间距约3.3厘米，约一周时间将酱坯调换位置继续贮放。发到里面都长了白毛，即可下酱。

下酱时，去掉外包装纸后将酱坯入清水中仔细清洗，然后将酱坯切成尽可能细小的碎块，放入缸中。缸要安置在阳光充分照射之处，将大粒海盐按1000克豆料、500克盐的比例用清净的水充分融化，去掉沉淀，注入缸中，水与碎酱坯大约是2：1的比例，然后用洁净白布蒙住缸口。

3天以后开始每天用酱耙子打耙，酱耙子就是一根木棒下面订了一块板。大约坚持打耙一个月时间，酱液表面生出的沫状物为止，等酱发了就可以吃了。

文化底蕴

艺苑民风

经过几千年发展，关东地区各民族留下了丰富多彩的传统文化，到了明清时期，这些传统文化又得到了很好的继承和发扬。后来，随着关内各地区人口的不断流入，各种文化交相辉映。

这些移入的文化和关东传统文化经过长期相互交汇和多元碰撞，使关东地区的文化具有了兼容性、包容性和开放性等特征，奠定了关东文化新型多元的基础，最终形成了关东地区极富特色的多元文化。

内涵丰富的民间故事

东北民间故事是东北民间文学中非常重要的一个门类，是东北文学的主体，它是世世代代生活在关东大地上的东北人民在长期开发建设东北的过程中，在长期的繁衍生息中，所创造的独具特色的传统民族文化。

它构成了东北各民族民间故事的深厚基础和广阔背景，积淀着东北广大民众的思想感情和价值观念。

满族故事人物塑像

满族驯鹿图

东北民间故事源远流长，内容丰富，包括神话、传说、寓言、笑话等，体现了东北各民族悠久的历史和东北地区的风土人情，有东北民族个性、东北地方特色，也有独特的艺术风格。它蕴藏在东北各民族中间，依附于东北各民族的存在而存在。

很多东北民间故事作品透出古朴、粗犷、憨厚、醇馨的风格。尤以一些描写先民以渔猎、挖参或征战为内容而展示北方自然环境氛围的专题故事、习俗传说最为浓郁。

东北民间生活故事中占有篇目较多的幻想故事极富民族特色。作品不仅在环境、语言外壳中体现出民族风韵，在神奇、丰富的想象间也渗透着古老社会图腾崇拜观念。而且以描写优美缠绵，情节迂回曲折，形式多为灵怪、变形的复合型故事为艺术特色。

东北民间故事像东北其他民间文学样式一样，有着自己产生、发展的历史过程，有着不同于其他东北民间文学样式的特征，从中可以看到关东人民的生活习俗、审美情趣、价值观念、宗教信仰和理想愿望等。

东北民间故事像其他民间创作一样，其故事的创作者往往在一定

岩画中的火把节

的集体场合，由于现实生活情景的激发，或为了满足现实生活中的某些需求，便由不同的人进行了自发的口头故事的创作。

有的时候是为了鼓舞战斗精神或激励劳动情绪，有的时候是为了减轻劳动负担或调节集体劳动的动作，有的时候是为了庆祝节日或表现对事物的看法，有的时候是为了表达宣泄欢娱乐观或悲戚愤怒情绪，在这种情况下创作出了民间故事。

东北民间故事无论它原来是集体创作的还是个人创作的，只要它一经创作出来，就自然而然地进入到传播领域，要在民众中流传，千百次地由广大民众讲述、传颂。

在这个被讲述和传颂的传播过程中，这些民间故事经受着种种考察和检验，其中包括民间故事的故事内容、故事表现形式、故事语言等多方面的内容。

如果这些民间故事能够适应民众的生活需求和审美心理、习惯、情趣，能够适应民众的思想意识和价值观念，那么它就能得到广大民众的喜爱，就会具有一定强的生命力和一定长的生存时间，就能在广大民众中流传，并且在流传过程中，人们不断地进行加工、润色，使其不断丰富。

东北民间故事一般都没有作者，均为佚名，这就形成了东北民间故事的“无名性”和“匿名性”的特点。东北民间故事中，诸如《秃尾巴老李》、《棒槌姑娘》、《大连的传说》、《金牛的故事》、《一只小金碗》等，都是没有具体作者的。

口头传播是最早的文学传播形式，东北民间文学的传播也是口头传播，具有口头文学的性质。

口头传播使东北民间故事流播很广，相传很久。如关东地区人人皆知的《孟姜女》、《公主陵》、《二郎神》等故事，人们百听不厌，百讲不烦，甚至传诵了千年以上，传诵到全国的许多地区。有很多故事至今还在广泛流播，甚至有些成为戏剧舞台和银屏上的题材。

东北民间故事总是处于不断变化的状态之中，具体表现在口头作品的语词、故事情节、主题思想和题材等方面经常变动。

例如，东北民间故事《孟姜女》，吉林省榆树一带流传的故事情节是：住在松花江北岸的孟家和姜家，因种在两家之间的柳条樟子边上的葫芦而得女，两家都十分喜爱，并共同抚养，并以

二郎神 我国神话传说中一个重要人物，名叫杨戬。他是人神混血，手持三尖两刃刀，力大无穷，法术无边，民间传说有七十三般变化，阙庭有神眼。

孟姜女 我国民间传说中的一个女性人物形象。作为我国古代四大爱情传奇之一的孟姜女的故事，千百年来一直广为流传。最早的传说可上溯至古籍《左传》。

岩画中的人物

传说中的娘娘神

两家的姓为女孩的名。

吉林省舒兰一带流行的故事情节则是：孟姓人家的老太太因救了一只小燕子，燕子报恩，衔给孟家一粒葫芦子，孟家种出葫芦蔓爬到了姜家，葫芦长大后锯开，里面是个小女孩，于是，两家便以各自的姓为女孩的名。

东北民间故事的渊源深厚、集体创作、口头传承和不断变化等其重要特征，并且这四个特征之间是紧密联系的。

满族民间故事是东北民间故事的重要组成部分，蕴涵着广博深厚的满族文化遗存和内涵。满族民间故事生成于满族由“渔猎”转向“农耕”，并且与汉族文化密切接触、融合，逐渐形成满汉杂糅的文化特征这样一个特定的历史阶段。

这些特点都鲜明地体现在由满族民众集体创作、世代传承、“记录”他们生活世界和意义世界的故事中。

满族民间故事内涵十分丰富，有关于神的传说，如天神创世神话、自然神话、族源神话、动物崇拜、图腾崇拜神话及保存在萨满神谕中的萨满教女神神话等。

有些满族民间故事以反映原始部落时期围猎场面和野蛮的征战及

原始宗教、淳厚的先民民风为主要内容；有以阿古打、努尔哈赤等为主人公的英雄创业传说；有以展示满族先民在特定自然环境中生产、生活场景的生活故事；也有以人参、柞蚕、棕熊、东北虎、大马哈鱼，靰鞡草等组成的反映满族故乡特有物产的动植物故事及由此派生出来的风俗传说。

东北满族围猎故事多以平民猎手为主人公，表现他们凭借多年围猎经验，对付棕熊，降服恶虎，捕鹿，射貂。故事中围猎细节描写细腻，满族人的勇猛风姿、聪明才智栩栩如生。

通常围猎与部落征战或追求幸福的幻想故事交叉在一起，成为一个复合型的故事。

达斡尔族有极为丰富的民间文学，包括神话、传说、民间故事、谚语、谜语、祝赞词、民歌和民间舞蹈歌词在内的民间文学作品，不仅题材广泛，而且其内容丰富，比较全面地反映了达斡尔族人民物质生产和社会生活、历史和文化等方面的内容，也是其经济活动和社会活动的艺术再现。

东北虎 也叫西伯利亚虎、阿穆尔虎、乌苏里虎、满洲虎、北亚虎、远东虎等。主要分布在俄罗斯西伯利亚地区、我国东北部等地。东北虎是现存体型最大和战斗力最强的猫科动物。

努尔哈赤（1559年—1626年），后金政权的建立者，清王朝的奠基者，其子皇太极改国号为“大清”并称帝后，追尊努尔哈赤为太祖。

达斡尔族布贴画

民间故事是达斡尔族民间文学作品中数量最丰富的一种体裁。

有人物故事，例如《阿波卡提莫日根》、《德布库的传说》；有动物故事，例如《套嘎沁脱险》；有生活故事，例如《阿拉塔尼莫日根》；有萨满故事，例如《尼桑萨满的传说》、《德莫日根和齐尼花哈托》；有“莽盖”故事，例如《去杀莽盖》、《天神战胜莽盖》。

“莽盖”在我国北方各民族民间文学作品中经常以反面典型的面目出现，是一个半人半兽、肢体庞大、形象怪异的害人巨魔，也是自然力和社会恶势力的代表。与“莽盖”进行斗争的故事，寄托了达斡尔族人民征服自然、战胜恶势力的强烈愿望。

阅读链接

松花江流域位于东北地区的北部。松花江是黑龙江右岸最大的支流。

以前松花江不叫松花江，是没有名字的。江两岸生长着很多松树，每当春天松树开花的时候都把江水映衬得特别地美。

江的附近有个小村庄，村里的人生活过得十分富足。可是有一天，一条黑色的恶龙闯进了这条江。它烧杀掳掠无恶不作，动不动就发大水，附近的居民生活十分艰难，简直无法生活下去了。

在江的上游有条小白龙，他知道并体恤人民的疾苦，于是和这条黑龙展开搏斗，大战进行了七七四十九天后，双方都有点体力不支，由于江水已经被小黑龙弄得混浊不堪，这正好为黑龙提供了掩护。

而小白龙在黑色的江水中特别显眼，眼看形势越来越不利，村里的居民急中生智想了一个办法，就是拼命地摘江两岸的松花撒向江里，直至松花把江水都铺满，使江变成了白色。

小白龙靠着松花的掩护终于打败了小黑龙，拯救了村子。可是，从此以后松树就再也没有开过花 为了纪念这段历史，从此这条江取名为松花江。

气韵悠长的东北民歌

民歌是广大劳动人民为了表达自己的思想感情而在漫长的年代里共同创作的一种闪耀着中华民族智慧之光的艺术形式，也是我国最古老的艺术形式之一。

东北民歌

东北民歌的形成与东北的地域和人文环境有着紧密的不可分割的联系。东北民间音乐历史文化悠久，这里孕育着满、赫哲、锡伯等民族文化，后来又吸取了蒙、汉、朝鲜、回族等民族文化，从而对东北民歌的发展提供了丰厚的土壤。

东北民歌的特点是诙谐、风趣，有“活、俏、浪、逗”的评价，许多歌曲常常淋漓尽致地表现出东北民歌这种特点。东北的汉人很多都来自山东、河北等北方各省，他们与东北各民族共同创造和发展了风格独特的东北民歌。

东北的民歌泼辣、爽朗、火爆、粗犷的风格特征形象地反映了东北人的那种热烈、直爽、豪放、淳朴的性格。

东北民歌表达方式开门见山、直来直去、很少修饰，旋律优美、自然流畅、语言质朴、感情率直，并且东北民歌经过长期的发展演变逐渐融入到了每个劳动者的生活当中，并成为他们劳动生活时的一个重要组成部分。

简单说，东北民歌是流传于关东地区汉族小调的统称。小调历史十分悠久，又称“小曲”、“俚曲”、“时调”等，是人们在劳动之余，日常生活当中以及婚丧节庆用以抒发情怀、娱乐消遣的民歌，具有结构均衡、节奏规整、曲调细腻、婉柔等特点。其分布最广、数量最多，也最具有代表性。

东北民歌分为山歌、歌舞曲和萨满调。格调生动活泼，极具地方特色，有很高的艺术价值，在我国的民间歌曲中占有重要地位。

山歌又分长调、短调，长调高亢刚健，节拍自由，短调曲调平稳，节奏规整。歌舞曲大多为一领众和形式。

萨满调是为请神、跳神、祭祖、葬礼时唱的歌，曲调吟诵式，多为领和。

东北民歌的歌词是东北人生活语言的诗化，表现的内容常常是人民生活的真实写照和思想感情的直接流露。它唱出了人们的痛苦和欢乐，记述了黑土地上的人们在不同历史时期的生活和精神面貌。

东北民歌还具有强烈的时代感，而且还具有鲜明的阶级意识和强烈的阶级感情，爱与憎的倾向十分鲜明。

东北民歌中有许多歌曲是与生产劳动实践密切相关的，如节奏鲜明的劳动号子等。有的直接反映劳动的场面、劳动的情景、劳动的心情，也反映广大劳动人民勤劳勇敢、不怕困难，充满人定胜天的必胜信念。也有反映现实生活、表达爱情及地方习俗的歌曲。

东北民歌，孕育在这片黝黑的土地上，孕育在豪爽、乐观的东北人的血液里，它们把人们劳动中的苦与乐、生活里的喜与悲，把民俗、情趣、青山、秀水，把小伙子、俊姑娘那份羞答答的爱用欢畅的、粗朴的、奔放的、柔婉的腔调唱出，织出了一幅幅色彩浓烈独具地方风味的民俗画。

民间劳动号子

东北民歌中有些曲调是受地方戏二人转唱腔的

东北满族男女在歌唱

影响，所以显得非常富有地方色彩，生动活泼，反映了劳动人民开朗的性格和丰富的生活情趣。

调式上，东北民歌以小调为主，以宫徵调式为多，也有商羽调式。如：《东北风》、《放风筝》、《翻身五更》、《庆新年》、《小看戏》、《回娘家》、《摇篮曲》等均为徵调式；《丢戒指》、《卖饺子》、《秀云肩》、《小拜年》等为宫调式；《茉莉花之二》、《正对花》等为商羽调式。东北民歌总体上给人以明朗、活泼的感受。

另外，东北民歌的表现形式多以喜庆欢快为主，忧愁伤感的民间歌曲不多，大多民歌是反映节日气氛那种热闹的快乐场面。

《瞧情郎》是一首辽宁民歌，是在词曲两个方面都具有典型的"东北风"的优秀曲目之一。《瞧情郎》的主题十分鲜明，揭示了人对待爱情的率真质朴之情。

全曲共分为九个段落，各段落的分段标志是在每段结尾处必定出现的一个固定的旋律，这种手法在我国传统音乐中叫作"换头和尾"。即某一采用变唱或变奏的民歌和乐曲，它们的不同只在开头部分，它们

小调 我国民歌体裁类别的一种。一般指流行於城镇集市的民间歌舞小曲。经过历代的流传，在艺术上经过较多的加工，具有结构均衡、节奏规整、曲调细腻、婉柔等特点。民间俗称很多，如小曲、俚曲、里巷歌谣、村坊小曲、市俗小令、俗曲、时调、丝调、丝弦小唱等，小调是晚近才通用的一种统称。

的共同因素，则靠相对固定地出现在尾部的一个音调来体现。

而歌词描述的故事情节很有层次，在音调特色方面，除了那个结尾不变的音调外，七度跳进是东北民歌中具有代表性的音调之一。

东北民歌音调比较高亢嘹亮，旋律宽广，气韵悠长，声音运用上也比较刚直。旋律上，东北民歌的曲首往往是同音反复，或使用重复的表现手法，两者也常常叠用，继而用加花、放宽或紧缩等手法。

东北民歌在旋律上常出现四度旋律音程的同时，更突出使用小三度音程，旋律性较强，节奏规整。

东北民歌还善于运用音乐的表现因素，短小简练的手法，创造出鲜明、准确而生动的音乐形象，表现深刻的内容和思想情感。

东北民歌旋律清新明朗，节奏规整，接近自然语言形态，多采用2/4拍，形象准确生动，充满着生机与活力，有浓郁的地方特色。在表现手法上还有许多突出的特点。

运用四季、五更、十二月等来取缀多段唱词，形成分解歌的形式，以此表现出人们较高的创作才能。

东北风情雕塑

欢快的东北民歌

衬字衬词的使用，表现出东北人特有的诙谐、风趣。

舌尖颤音贯穿全曲，加上模仿锣鼓声所使用的衬词，淋漓尽致地表现出东北民歌活、俏、浪、逗的特点以及高超的演唱技巧。有时歌词中东北方言的运用，更突出了东北地区鲜明的地域特征，听起来让人有亲切感。

东北民歌促进了二人转及东北大秧歌的发展。传统音乐的几大类如：民歌、歌舞音乐、说唱音乐、戏曲音乐、民族器乐之间，从来都是互相影响和吸收，互相丰富互相促进的关系。东北民歌区主要包括东北大兴安岭、小兴安岭一带，以鄂伦春族民歌为代表。

满族民歌是满族人在社会生产活动中的产物，从中可以看到满族社会历史发展的影子。这些民歌充满了生命的活力，反映了满族人的生产、生活和风土人情，表达了满族人民对美好生活的追求和向往，有着浓郁的民族气息与地方特色。

满族民歌内容丰富，相对于汉族民歌，多了一些渔、猎、牧劳动和八旗兵出征及思念亲人内容歌曲。满族民歌有摇篮曲、儿歌、情歌、劳动歌、风俗歌、山歌、小调、喜歌、战歌、叙事歌等，形式多样，内容几乎包括其民族生活的各个方面。

满族的歌词语言通俗、活泼，其旋律质朴、简明。农村中的满族民歌这一特征更为明显。

满族日常生活中离不开歌唱，活泼动情的小唱几乎涉及满族整个生活中，唱出了他们的愿望和心声。满族人从小就在母亲唱的《悠车曲》中长大，“巴补哇，俄世啊！悠悠小孩巴补哇……”这首歌世代相传，家喻户晓。

满族先民在渔猎时，常吹牛角或海螺为号，敲锣打鼓，声势浩大。猎后，就在野外歌舞欢宴，富有节奏的劳动号子发展成旋律流畅的劳动歌，容纳了广阔的生活场景。

东北方言 俗称东北话，通常指我国东北三省，有时包括内蒙古东四盟所使用的汉语。在我国东北地区主要流通的方言均属于官话系统，主要分为使用最广的东北官话，辽东半岛主要使用的胶辽官话以及极北地区使用的冀鲁官话。由于语言分布的原因，东北绝大多数地区的语言都可归于东北官话。

满族人用热烈奔放的山歌，抒发其对家乡和劳动的热爱，其中有一部分就是劳动歌。其中赞美富饶壮丽河山的山歌称为“夸山调”。满语民歌《巴音波罗》歌唱丰收，就属于这种山歌。

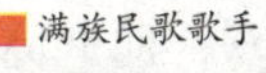
满族民歌歌手

另一类是对口喊唱的叫“爬山调”，多在放牧时赛唱。这类山歌，常是你一句我一句的对口喊唱，俗称“拉锯”、“抬扛”。

歌词即兴而编，多是触景生情开口就唱，节奏自由

达斡尔族少女在歌唱

强烈，曲调高昂开阔，情绪奔放，酣畅。《靠山调》、《爬山调》等曲调被八角鼓、单弦等曲艺广泛吸收。

满族风俗歌也很有特色，如迎亲路上的“官吹”，闹洞房时唱的喜歌“拉空齐”以及丧葬仪式中的哭丧调和大量的祭祀歌都很感人。满族民歌结构简明，旋律流畅，感情真挚。

达斡尔族的民歌在关东地区也很有名。在达斡尔族的民间艺术宝库中，民间歌曲占有相当大的比重。而达斡尔族音乐的风格和特点，也比较集中地体现在民间歌曲方面。

达斡尔民歌具有节拍严整，结构方整，句读明晰的鲜明特点。其调式建立在五声音阶基础之上，其中以宫调式民歌的数量为最多。这体现出达斡尔族人民坚强明朗的性格和乐观向上的民族精神。

其次是徵调式民歌以及羽调式民歌，两者的数量大体相同，虽然在数量上没有宫调式民歌多，却具备了达斡尔族音乐优美别致、刚健明亮的基本特点。

在达斡尔族的民歌中，只有在民间舞蹈歌“哈肯麦”中才有商调式，因此其数量很少。商调式民歌音调淳朴委婉，节奏柔和平缓，大多具有小调色彩。

角调式民歌节奏明快，句读清晰可辨。在过去大多用于歌唱祭祀神灵，因此角调式民歌仅见于萨满歌曲中而数量最少。

达斡尔族民歌多具有短小精悍、朴素简明的特点。有些民歌的词虽然是多段的，但是它的音乐结构却是由一句、两句或四句组成的。

达斡尔族民歌的内容十分丰富，几乎涉及到达斡尔族人民生活的方方面面。社会生活、生产劳动、精神文化、风俗习惯等都在民歌中有所反映。

从体裁上划分，达斡尔族民歌大致可以分为山歌、舞蹈歌、叙事歌曲、萨满歌曲以及游戏歌、仪式歌等。其表现内容、调式结构和旋律各具特点。

阅读链接

鄂伦春族是一个喜爱歌舞的民族，曾经以狩猎为生，每当狩猎满载归来，或者民族节日，都要进行歌舞狂欢。鄂伦春族无论男女老少都能歌善舞，他们常常将诗歌、音乐、舞蹈结合在一起，形成自己独特的风格。

鄂伦春族民歌曲调种类很多，风格多样，即兴填词，随编随唱。鄂伦春族的民歌多是以山歌即“赞达温”曲调为主。这些曲调高亢圆润，略带颤音，一般都是固定的。

歌词可即兴添加，曲调也允许自由发挥，喜怒哀乐完全可以通过音调的节奏来抒发。“赞达温”的演唱方式有对唱、重唱、独唱、合唱等，演唱中常衬以“那依耶”、“希那耶”等，显得旋律悠扬婉转，动人心弦。有代表性的民歌有《渡口情歌》等。

激昂洋溢的满族歌舞

满族是我国北方的一个少数民族，主要分布在关东长白山以东、黑龙江、乌苏里江流域的广阔地区。

满族历史非常悠久，可追溯至2000多年前的肃慎人。肃慎人是满族的最早祖先。汉代称其“挹娄”，南北朝时称其为“勿吉”，隋唐

满族舞蹈

满族劲舞

时称其为“靺”，辽、宋、元、明，这几个朝代则称“女真”。

16世纪后期，以女真人为主体，融合了部分汉人、蒙古人和朝鲜人，形成了一个新的共同体，这就是满族。

满族在历史上是个能歌善舞的民族。隋朝时，满族祖先靺鞨人派使者去长安见隋文帝。隋文帝给了靺鞨使者很多的赏赐，令使者为其舞蹈。使者和随从便翩翩起舞，而且舞姿优美。

靺鞨后裔女真人有这样的习俗：女子成年后，要歌唱自己的身世、姿色、技能，以寻找伴侣。至努尔哈赤部落兴起后，也继承了满族能歌善舞的传统。

努尔哈赤时期，满族舞蹈逐渐融入了征战内容，整个军队摆出练兵习武、驰骋征战的阵势，是满族先人生产、生活和社会活动方式的体现。

隋文帝（541年—604年），杨坚，汉族，隋朝开国皇帝。隋文帝结束了自西晋末年到隋统一前近300年的分裂割据状态，实现了自秦汉以来中国又一次统一，使北方民族大融合，南方经济得到发展，使隋代获得了“国计之富者莫如隋”的赞誉，为中国封建社会隋唐盛世的出现奠定了基础，被尊为“圣人可汗”。

每逢佳节、喜庆、婚嫁筵、出征、凯旋、祝寿、祭祀等满族人都要歌舞尽兴，

满族歌舞按种类可分为祭祀歌舞和筵宴喜庆歌舞；按规模性质则可分为宫廷与民间歌舞两种。

满族信奉萨满教，在举行祭神、祭天、祭祖先等重大祭典时，都以歌舞形式进行，萨满是歌舞中的主要角色。在跳神过程中，萨满腰系铃，手执鼓，穿神衣神裙，伴着神器声响翩翩起舞。

祭祀歌曲有《清神调》、《背灯调》、《跳饽饽神调》等，舞蹈有《腰铃舞》、《铜镜舞》等。祭祀时载歌载舞，表达崇敬、赞美、祈求之情。

筵宴喜庆歌舞是指主要在筵宴上或喜庆场合表演的歌舞，这种舞场面富于变化，主要是《莽式空齐舞》，又称《莽势舞》。

宫廷歌舞是在节庆、出征、凯旋、庆典、筵宴等多项宫廷活动中出现。有些是满族皇室贵族自娱自乐，有的是由专业演员表演的。清入关后除了其传统的歌舞外，还全部接受了历代沿续下来的礼乐制度。

满族民间歌舞

满族民间歌舞中最有特色的是秧歌舞，或称扭秧歌、闹秧歌。

在满族歌舞中，《莽势舞》最具代表性。

莽式为满语“玛克”即舞蹈的汉语译音。清人吴振臣在《宁古塔记略》一书里记载：

莽式舞服装

满洲人家歌舞名曰莽势，有男莽势、女莽势。两人相对两舞，旁人拍手而歌，每行于新岁或喜庆之时。上于太庙中用男莽势礼。

莽势舞多在新岁和喜庆之日跳，举一袖于额，反一袖于背，盘旋做势，成双对舞，旁人拍手而歌，以击堂鼓伴奏。

莽势舞进入宫廷后，由自娱性舞蹈变成表演性的庆典舞，改名为“庆隆舞”，场面壮观，规模宏大。用琵琶、三弦、奚琴、筝等乐器伴奏的乐师就有60多人，伴唱的10多人，舞蹈者几十人。

跳“莽势舞”，服饰方面有严格规定，伴奏的穿石青金寿字袍豹皮褂，伴唱的穿蟒袍豹皮褂，舞蹈者穿黄画皮套，黑羊皮套，朝服等，并戴有各种假面

太庙 我国古代皇帝的宗庙。在夏朝时称为“世室”，殷商时称为“重屋”，周称为“明堂”，秦汉时起称为“太庙”。最早太庙只是供奉皇帝先祖的地方，后来皇后和功臣的神位在皇帝的批准下也可以被供奉在太庙。

■满族秧歌

具，做骑马射击等动作。

东海莽势是莽势舞中重要的一种。东海是指辽宁宁古塔的广大地域，这一地域曾是古代女真族的聚居地。

东海莽式舞原是民间宴会中不可少的舞蹈，又称“九折十八式”，产生于1000多年前。最早产生于民间，传入宫廷后，成为追思祖德、颂赞帝业的筵席乐舞。

舞蹈内涵丰富，主要表现妇女织网、捉鱼，男子狩猎、出征，杀敌等场景。男女分别执鼓、铃和白绸同舞，表现斗怪蟒的情节，最后是男女欢舞，喜庆丰收等。

表演中，绘声绘色的九折十八式令人叫绝，九折是九个不同的舞段，即“起式”、“拍水”、“穿针”、“吉祥步”、“单奔马”、“双奔马”、“怪蟒出洞”、“大小盘龙”、“大圆场”。九折既是一个整体，又可单独成篇。

十八式是18个基本动作。包括手势、脚势、腰势各三个，肩势、转势、走势各两个，鼓势三个。

九折十八式是对莽势的不同段落和动作的命名。

如“拍水”、“穿针”是模仿捕鱼织网的动作。“怪蟒出洞”的动作特点，由表演者左右手臂握拳，分别从额前向下环绕，双脚“正步”踏步，很有蟒出洞穴的蜿蜒之势。“鼓势”，由表演者手持抓鼓正步前进或后退，右手持鞭打击“抓鼓”。舞蹈动作别具一格，场面很大。

表演中，女子的“吉祥步”、“穿针”、“抹鬓”等动作稳健秀美，男人的“单奔马”、“双奔马”等骑马蹲裆式，常年在马上狩猎、征战的生活活灵活现。

一会儿出现了“怪蟒”出洞的场面，它代表魔鬼般的反叛势力，被团结、勇敢的人们打死，体现了正义战胜邪恶的巨大力量。

全部舞蹈粗犷豪放，男如鹰、女如燕，轻快中含刚健，粗犷中伴有抒情，尤其是“压地欢”、“马步”、“鹰步”等耸肩动作，突出了满族剽悍、豪放的性格。

巴拉莽式舞也叫“野人舞”，是极其原始的舞蹈。巴拉人是满族的一支，主要居住在黑龙江省牡丹江西部张广才岭山区，从事狩猎，清代中后期下山定居，保持每年春季祭天、祭山的习俗。仪式中萨满

奚琴 我国朝鲜族人民喜欢使用的一种弓弦乐器，相传是宋代东北一带的奚部族创造的。奚琴能机动灵活地演奏各种乐曲，声音抑扬顿挫，连续自如，能惟妙惟肖地表现出喜怒哀乐等各种情感。奚琴流行于辽宁、吉林、黑龙江等地。

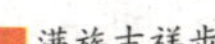

满族吉祥步

跳神完毕后，由男女青年表演此舞直至深夜。

巴拉莽式舞充分反映了原始满族先民在远古时期的自然崇拜、生命崇拜和生殖崇拜。据说舞者皆赤膊披发，男着豹皮裙，持手铃，女着柳叶裙表演。

舞蹈动作十分大胆、野性十足，给人们以原始先民充沛的精神活力感和美感。舞蹈有8段，现传下来有“开门红”、“满堂红”、“二点鼓”、“整阵容”、“喜火乐”五段。

除了“莽势舞”外，满族民间舞蹈还有“笊篱姑姑舞”、“童子舞”、“秧歌舞”、“萨满舞”等。

秧歌舞是民间传统群众性歌舞，逢年过节尤其农历正月十五元宵节最为热闹，每逢此时，各村屯都组织秧歌队到各处表演，表演者往往有各种扮相，或文人书生，或老翁老妪，交错歌舞，有说有唱。满族的这种歌舞，无论男女老少皆喜欢。

满族秧歌舞在辽宁抚顺地区十分盛行，民间俗称“鞑子秧歌”。

满族秧歌是满族人民在劳动、生活中产生，并吸收汉族等其他民

抚顺秧歌年画

族的舞蹈基础上逐渐形成并发展的，具有火爆、矫健、粗犷、热烈而又豪放的表演特点，是满族民间舞蹈中最通俗、最普及、最具生命力，同时也是最受满族人民喜爱的舞蹈之一。

巴拉莽式舞

抚顺满族秧歌风格独特，表演生动，它承袭了唐代渤海国靺鞨的民间舞蹈“踏锤”和后金女真人、清代满洲人的民间歌舞“莽式”的原型，舞蹈中有“鞑子官”、“克里吐”、“拉棍的”、“傻子”等各种造型。

人物生动有趣，表演中以其大摆大浪、盘旋做势，再现了满族先民英勇善战，游牧民族善于骑射、征战、劳动生息的民族风情。

满族秧歌舞蹈中扬、蹲、盘、踩、摆、颤等动作，极大地丰富了满族秧歌的表现内容和表演形式，充分显现了它丰富的艺术特性，极具民族民间艺术特色。

阅读链接

满族戏曲又名“八角鼓戏”，是由满族曲艺八角鼓发展而来的。满族先民在骑射渔猎之后围在篝火旁，边说边唱边舞，并叩击自制八角鼓相和，自娱自乐，逐步形成说、唱、舞相结合的艺术形式。

清兵进入关内后，八角鼓和扬琴、琵琶、四弦、锣鼓等配合，吸收多种宫调、杂剧及各地民歌、小曲，形成牌子曲剧。新形成的牌子曲剧多演唱历史和民间故事，后来演变发展成为满戏。满族戏曲中，包括扶余满族戏、宁古塔满族戏等。

九腔十八调的二人转

二人转手绢花舞

关东二人转也叫蹦蹦、小秧歌，又称“过口”，东北地方戏等，是关东地区喜闻乐见，具有浓郁地方色彩的民间艺术。关东民间中流传着“宁舍一顿饭，不舍二人传”的说法，可见二人转在群众中的影响之深。

可以说，二人转最能体现关东劳动人民对艺术美的追求。

二人转起源并流行于东三省，至今已有300多年的历史。有记载，清道光年间，

■二人转精彩表演

吉林怀德县八家子老爷庙庙会上就曾演出过蹦蹦戏。

二人转是在原来的东北秧歌、东北民歌的基础上，又吸收了河北莲花落、东北大鼓、太平鼓、霸王鞭、河北梆子、驴皮影以及民间笑话等多种艺术形式，逐渐演变而成。

早期二人转没有女演员，女子角色全部由男扮女装。以后出现女演员，由一男一女演唱的方式进行。

二人转的表演手段大致可分为三种。一种是两人化装成一丑一旦的对唱形式，边说边唱，边唱边舞，这是名副其实的二人转；一种是一人且唱且舞，称为“单出头”。单出头语言风趣幽默，滑稽可笑，做功讲究表演手段和动作，舞功以东北大秧歌为主，同时吸取民间舞蹈和武打动作；一种是演员以各种角色出现在舞台上唱戏，这种形式称“拉场戏”。

对于演员的表现手法，有“四功一绝”之说。四功指唱、说、扮、舞；一绝指用手绢、扇子、大板

庙会 我国民间广为流传的一种传统民俗活动，又称“庙市”或“节场”。是指在寺庙附近聚会，进行祭神、娱乐和购物等活动。早期庙会仅是一种隆重的祭祀活动，随着经济的发展和人们交流的需要，庙会就在保持祭祀活动的同时，逐渐融入集市交易活动。

二人转艺术陶像

手玉子 又名御子、玉子板，是一种在演唱北京的民间小曲时所使用的民间乐器，使用竹板制作。一般在演出相声或二人转时，由演员双手持有四块手玉子，一手打两块。

旦角 传统戏中的女性形象，可分为青衣、花旦、刀马旦、武旦、老旦等类别。青衣多表现端庄稳重的中青年妇女。花旦多表现年轻活泼的丫鬟。刀马旦表现女将或女元帅。武旦表现有武功的女子。老旦表现老年女性。

子、手玉子等道具的特技动作。

四功唱为首，讲究味、字、句、板、调、劲。说指说口，多采用民间生动活泼的语言，机智灵活。扮相讲究以虚代实，以形写神，一人演多角。

舞别具一格，肩功、腰功、步法很有特色，尤其腕子功，包括平腕、翻腕、甩腕、压腕、绕腕、抖腕等多种，种种精彩，令人拍手称奇。

二人转的一绝，以手绢花和扇花较为常见，这部分与东北大秧歌相似，右手持大板子的舞者，左手通常持甩子，能舞出“风摆柳”、“仙人摘豆”、“金龙盘玉柱”、“缠头裹脑”等高难动作。

有的舞者双手持手玉子，这是小竹板，握在手中，每手两块，有“双臂旁平伸打扭”、“胸前打扭”、“轮腔打扭”及“碎抖花”等多种打法。

二人转的演出形式，有“唱大车店”、“唱秧歌会”、“唱茶社”、“唱屯场”等多种，其中最常见的演出方式是唱屯场。每年秋后休闲的时候，都有唱屯场。通常按顺序表演。

一是打通，指秧歌锣鼓的头鼓、二鼓、三鼓来招引观众。

二是三场舞，丑角上场喊“要想卖，头朝外，船家打浆划过来”，引旦角上场，两人共舞三场舞。

三是喊诗头，三场舞后，旦角下场，丑角“起霸”接“喊诗头”。诗头类似戏曲的自报家门或定场诗，多数诗头与正剧无关，只是为了静场。

五是说口，旦角上场，与丑角“说口”。说口可分为零口、定口和套口。零口是演员见景生情，逢场作戏，现编现说的口语；定口是与剧情紧密相关的念白，包括交代情节，人物对话；套口多为与剧情无关联的民间故事及笑话。

六是唱小帽，这是正文前唱的民间小调。

七是唱正文，演员用唱、说、做、舞等各种手段来演示剧情。

说口 我国某些曲艺节目演员上场后的一段说白或韵白。说口是关东地区二人转形成地方色彩和独特艺术风格的有机组成部分。二人转说口根据其功用、内容和形式，一般可分为套口、零口、专口、杂口等。

丑角 我国戏剧的一种程序化的角色行当，一般扮演插科打诨比较滑稽的角色，可分为文丑和武丑。文丑以做功为主。武丑以武打为主。

二人转艺术陶像

二人转演出塑像

喷呐、板胡是二人转的主奏乐器。击节乐器，除用两块大板和五块节子板外，还用玉子板，也叫“手玉子”，玉子有四块竹板，一手打二。

二人转的唱腔非常丰富，素有“九腔十八调，七十二嗨嗨”之称。其结构为曲牌连缀体，积累的曲牌约有300多支，比较常见的有50多支，其中包括胡胡腔、喇叭牌子、红柳子、抱板、三节板、文嗨嗨、武嗨嗨、大鼓调、大救驾、小翻车、哭糜子、大悲调、五字锦、压巴生、靠山调等。

曲牌 曲牌是传统填词制谱用的曲调调名的统称，俗称“牌子”。古代词曲创作，原是“选词配乐”，后来逐渐将其中动听的曲调筛选保留，依照原词及曲调的格律填制新词，这些被保留的曲调仍多沿用原曲名称。

二人转的传统曲目很多，有300多个，艺人有四梁四柱之说。四梁指的是大四套曲目，有《钢鉴》、《清律》、《浔阳楼》和《铁冠图》。四柱指的是小四套曲目，有《西厢》、《兰桥》、《阴魂阵》和《李翠莲盘道》。这也是二人转艺人的拿手曲目。

二人转的传统曲目主要来源于戏曲、小说、评书鼓词和民间传说故事以及社会新闻等，大都是关东百姓喜闻乐见的古代英雄好汉、男女爱情和忠孝节义类故事。

此外，还有《双锁山》、《华容道》等。后来又有大批的新的曲目，如《丰收桥》、《接姑娘》、《柳春桃》等，均深受人们欢迎。

随着流行地域的不同，二人转在发展中曾经形成东路、西路、南路、北路四个流派。其中东路以吉林省吉林市为中心，表演擅舞彩棒，有武打成分；西路以辽宁省黑山县为中心，讲究板头和演唱；南路以辽宁省营口为中心，表演歌舞并重；北路以黑龙江省北大荒为中心，追求唱腔的优美动人。

因此历史上曾有“南靠浪，北靠唱，西讲板头，东要棒”的民谚。后来大家取长补短，互相融合，表演的侧重不再那么明确。

阅读链接

“武咳咳”是东北二人转演唱故事内容的核心唱腔。艺人称它为“宝调”。曲体结构基本为上、下两个乐句。上乐句的落音为“徵”音，下乐句落在“商”音。

它的音乐旋律完全来自东北方言中的字调和语气。旋律线条随着语言音韵时高时低，时曲时直，千变万化。“武咳咳”板式变化多样，分有慢板、中板、快板、推板等。大段“武咳咳”常有一个“起腔”或叫“领腔”，结尾有一个“落腔”。

“武咳咳”有极大的可塑性和可溶性，不仅能包容大量的故事内容，又能够领唱各种不同的故事情节和表现不同的人物及场景，具有强烈的叙事功能。

“文咳咳”又叫《上北楼》、《小阴天》，曲调优美、流畅、婉转动听，善于抒情叙事。

“文咳咳”曲体结构基本为上、下两个乐句，每个乐句分为两个分句，分句的独立性很强，使旋律形成“商、宫、羽、徵”的落音趋势，但它仍为上下两个乐句。“文咳咳”的板式分为中板、慢板、快板等。

欢天喜地的东北大秧歌

关东地区的民间舞蹈有秧歌、龙灯、旱船、扑蝴蝶、两人摔跤、打花棍、高跷等形式，多在一起配合演出，统称为秧歌。

秧歌旋律流畅，节奏欢快简洁，其红红火火的场面、丰富的舞蹈

冬季中的东北秧歌

■地秧歌

语汇、情趣盎然的姿态和灵动活泼的表演风格，历来深受人们的喜爱。

秧歌源于汉民族元宵节庆时的集会表演，至今已有千年历史，它是一种民族性的集体舞蹈，发展已经超过千年，形成自己成熟而稳定的风格，并不失时机地诞生出许多相近的艺术形式。

关东秧歌的历史也非常悠久，它是北方劳动人民长期创造积累的艺术财富，起源于插秧耕田的劳动生活，又和古代祭祀农神祈求丰收，祈福禳灾时所唱的颂歌、禳歌有关。

并在发展过程中不断吸收农歌、菱歌、民间武术、杂技以及戏曲的技艺与形式，从而由一般的演唱秧歌发展到今天广大群众喜闻乐见的一种民间歌舞。

史书记载，早在清康熙年间，关东地区就已经有了农历正月十五办秧歌的习俗。表演的男子扮成参

旱船 汉族民间表演艺术形式之一，是一种模拟水中行船的民间舞蹈。旱船是依照船的外观形状制成的木架子。在这种船形木架周围，围缀上绘有水纹的棉布裙或是海蓝色的棉布裙。在船的上面，装饰以红绸、纸花，有的地方还装有彩灯、明镜和其他装饰物。

军、妇女等角色，边舞边歌。

《柳边纪略》对当地人们的秧歌活动有过记载：

> 上元夜，好事者辄扮秧歌。秧歌者，以童子扮三四妇女，又三四人扮参军，各持尺许两圆木，戛击相对舞，而扮一持繖镫（伞灯）卖膏者为前导，傍以锣鼓和之，舞毕乃歌，歌毕乃舞，达旦乃已。

至清末年间，扭大秧歌已经是遍布关东各地的春节娱乐活动。

东北秧歌分地蹦子和高跷两类。地蹦子又称地秧歌，流传面较广；高跷盛行于辽宁，特别是营口、海城和盖县一带。

东北秧歌音乐的传统乐曲十分丰富，可用三个字加以概括，即顺、活、韵。“顺”意为通顺。旋律的各种变化，乐曲的连接，调性、调式的变换都要顺。“活”即要具有高度的即兴演奏的能力，使音乐灵活多变。“韵”即韵律感及风格味道。

东北秧歌音乐以五声为主，也有相当数量的六声性乐曲，七声性的乐曲仅占一小部分。

东北秧歌音乐的调式以宫调式、徵调式较多，羽调式、商调式次之，角调式的乐曲较为少见。宫调式、徵调式较为明亮，这两种调式较多的原因与东北秧歌音乐中很多乐曲的情绪热烈、欢快有关。

东北秧歌的节奏富有变化，具体表现之一在主要步法“踢步”上。

踢步的做法是：一脚踢出时快而有力，快出快回，在空中停留的时间要短，收回时，双腿着地时间要长，这踢出去的“短”和收回时“长”形成了东北秧歌的节奏差异。

关东地区秧歌形式诙谐，风格独特，融泼辣、幽默、文静、稳重于一体，将关东人民热情质朴、刚柔并济的性格特征挥洒得淋漓尽致。稳中浪、浪中梗、梗中翘，踩在板上，扭在腰上，这是东北大秧歌的最

宫调 我国传统乐学把音乐实践中音、律、声、调之间的逻辑关系概括起来，用以表明调性范畴的全面情况的基本理论。宫调理论包含对律高、调高、调式等各种因素的研究。

《柳边纪略》 我国历史上继南宋洪皓所著的《松漠纪闻》之后，又一部全面叙写关东地区的专著。它记载了很多关于关东地区的宝贵史料。

冬季秧歌舞

东北大秧歌

八仙　我国神话传说中的八位仙人。即铁拐李、汉钟离、张果老、何仙姑、蓝采和、吕洞宾、韩湘子、曹国舅八人。八仙故事多见于唐、宋、元、明的记载和杂剧中，姓名不固定，至明吴元泰《八仙出处东游记传》才确定为以上八人。传说八仙分别代表着男、女、老、少、富、贵、贫、贱，由于八仙均为凡人得道，所以个性与百姓较为接近。

大的特点。

关东地区民间称赞秧歌好喜欢用“扭得浪”来形容，即不但舞姿优美，而且腰胯摆得幅度大，节奏感强，表情有感染力，总之是不能平淡而是夸张，才符合关东豪爽热情的民风。

此外，秧歌的行进表演队形也要活泼新鲜。除通常的圆场外，还可以走出“二龙吐须”、“太极八卦”等许多花样，时快时慢，边走边变，加上演员服装的鲜艳色彩，看得人眼花缭乱。

秧歌里的精彩部分是高跷，俗称踩高脚子。跷棍长两三尺，表演中也是走秧歌步和阵形，以扭得快、扭得欢为好。

秧歌中所扮的人物，既有披红挂绿的大姑娘、小媳妇儿、也有抽长烟袋的丑婆子、戴纱帽的县官、呆头呆脑的傻柱子，以及跄驴、旱船等加带其他道具的表演，个个朴实憨厚、滑稽可爱。

另一类角色则是民间熟知的小说戏曲人物，如《西游记》中的四师徒、《白蛇传》中的白娘子和许仙、过海的八仙以及年画上常见的公子丫环、渔樵耕读等。

旧时扭秧歌都是男性，所以女性角色多是男扮女装，演起来更加大胆泼辣、逗趣可笑。

看秧歌最过瘾的是遇上打对台，即一个场子来了两支秧歌队。因为过年时的秧歌大都给赏钱，所以按照不成文的规矩，一个演出场地只能留一支秧歌队。

如果两伙秧歌队同时到，或是后到的秧歌队不愿退让，那就只能以演技分高低。扭得好，能吸引人的留下，技不如人的自动退出。

每逢这时，两支秧歌队都得拿出看家的本事，格外卖力，较着劲儿地扭。

秧歌的主要乐器是唢呐和锣鼓。表演时，秧歌

八卦 表示事物自身变化的阴阳系统。用“—”代表阳，用“--”代表阴，用四个这样的符号，组成八种形式。每一卦形代表一定的事物。乾代表天，坤代表地，坎代表水，离代表火，震代表雷，艮代表山，巽代表风，兑代表泽。八卦互相搭配又得到六十四卦，用来象征各种自然现象和人事现象。

东北秧歌

关东大秧歌

队伍是随着唢呐声和锣鼓的节奏走的。优秀的喇叭匠，不仅会的曲调多，演奏技巧高，而且还练就许多绝活。

技艺高超者能在吹奏的同时，两个鼻孔里各插一只燃着的香烟，头顶和两臂各放一只盛水的碗，走着吹、转着吹、登上桌子吹，喇叭不断、香烟不灭、水碗不洒。

这类绝活平时用不着，遇到想多讨赏钱或打对台的时候才亮出来，出奇制胜。所以，办秧歌的都尽量请当地名气大的唢呐匠。

东北大秧歌的演出形式以拜年贺喜为主，在城镇，秧歌队要到当地官署和商家铺户以拜年名义演出，在农村则是坐着大车到附近的村屯，在村公所或富家大户宅院中演出，也有登门拜年之意。

这种演出，受拜者要预备烟茶款待，并在秧歌队临走时给秧歌头赏钱，有的还要管饭。通常，秧歌队拜年事先已选好对象，主要是给能够给得起赏钱的人拜年。当然，演出时当地男女老少都可以免费看热闹。

过去关东地区农村过年，一是图喜兴；二是讲面子。假如哪个村没来秧歌队拜年，村里的人都会觉得不开心。因此，如果本村不办秧歌，各家按贫富摊钱，派人去外村接秧歌，为村里增添过年的喜庆气氛。

办秧歌的发起组织者，或是商家富户，或是行政机构，或是民间组织，负责召集本地擅长于此道者，并置办服装道具、聘请鼓乐班子、组织排练、筹划演出安排等。具体事项通常是由一位演技好、威望高、办事能力强的秧歌头负责张罗。

过年开扭的秧歌到正月十五至十六两天达到高潮。这时走村串屯的拜年已经结束，街上的商家店铺也开始了新一年的营业。

元宵佳节之日，秧歌队纷纷集中到当地最繁华热闹的市镇街道，进行游行式的演出。有的还特意办出与赏花灯气氛融为一体的秧歌。

街市上精彩表演此伏彼起，热闹非凡。酷爱秧歌的演员们也都在满街观众的喝彩声中尽展才华，过足了秧歌瘾。

因为闹过这两天之后，他们就要卸去彩妆，回到田地和作坊里，成为普普通通的劳动者了。

阅读链接

旧时关东地区农村秧歌队全部由男性组成，两人组成一个小组，一个“上装”，化装成女的，一个“下装”，扮成男的，这样的一个小组叫作“一副架”。四人组成一大组，即两副架，也叫“一棒鼓”。

在秧歌队中头棒鼓、二棒鼓、三棒鼓等排列有序，每人都有固定的位置。头棒鼓是全队扭唱技艺最高的，二棒鼓次之，三棒鼓再次之。秧歌队的领头的戴文生巾，披斗篷，持折扇，只他一人没有上装搭配，又称“傻公子”，又叫“拉衫的”。

秧歌队的排尾叫“老坐子”，也是一副架：上装是一个扮相刁泼的老太太，手拿两根棒槌，耳戴红辣椒；下装是一个扮相滑稽的老头，驼背，拄拐杖。后来淘汰了傻公子、老坐子、一副架和一棒鼓，也淘汰了男扮女装的形式。

曲调丰富的东北大鼓

东北大鼓是主要流行于东北的曲艺鼓书暨鼓曲形式，因一度盛行于沈阳，而沈阳于清末曾设奉天府，故有“奉天大鼓”之称。

东北大鼓的起源有两说：一说清乾隆年间北京弦子书艺人黄辅臣

东北大鼓

东北大鼓

来沈阳献艺，吸收当地民歌小调演变而成；二说清道光、咸丰年间辽西屯大鼓艺人进城献艺，发展为奉天大鼓。

东北大鼓的唱腔是在弦子书、子弟书的基础上，吸收借鉴乐亭大鼓、京韵大鼓及二人转逐渐形成的。

清代光绪年间，东北大鼓艺人李庆成在依兰的三姓茶园，演唱《封神榜》、《明英烈》；光绪年间，东北大鼓女艺人张玉芝在佳木斯迎宾茶馆，说唱《三国演义》和《红粉女侠》；还是在光绪年间，东北大鼓艺人温景和在哈尔滨等地演唱《前后七国》、《彩云球》等长书，受到观众的欢迎。宣统年间，东北大鼓女艺人黑大玉，在齐齐哈尔南茶园，演唱东北大鼓《金锁镇》和《张廷秀私访》引起轰动。

东北大鼓早期主要在乡村流行，民间俗称屯大鼓、炕大鼓。演唱的曲调是当地人们熟悉的土腔土

鼓书 我国曲艺曲种分类中的一个类别，主要曲种有京韵大鼓、西河大鼓、梅花大鼓、乐亭大鼓、东北大鼓、山东大鼓等数十种。其表演形式大多为：演员一人自击鼓、板，配以一至数人的乐队伴奏演唱。主要伴奏乐器为三弦，另有四胡、琵琶、扬琴等。

东北大鼓

调，唱词也不甚讲究。

演出的节目通常以中篇为主，有《回杯记》、《瓦岗寨》、《彩云球》、《四马投唐》、《白玉楼》等。

东北大鼓融入了一些京剧、京韵大鼓和东北民歌的唱腔，曲调丰富，唱腔流畅，表现力较强。以说唱中、长篇书为主，内容大多取材于戏曲、小说和传奇故事。

大三弦 我国北方民族发明的最古老的弹弦乐器之一。因三根琴弦而得名。流行于内蒙古、辽宁、吉林、黑龙江、河北等地。音色浑厚而响亮，多用于北方说唱音乐如鼓书、弹词、单弦的伴奏和曲剧、吕剧等地方戏曲伴奏，也可独奏或参加器乐合奏。

东北大鼓最初的表演形式是演唱者一人操小三弦自行伴奏说唱，并在腿上绑缚“节子板”击节，也叫“弦子书”。后发展成一人自击书鼓和简板演，另有人操大三弦等专门伴奏，说唱表演采用东北方音。清末有了女演员以后，自操鼓板击节，由弦师伴奏，称为“女大鼓”。

一张鼓、一把扇、一根鼓槌、一把三弦，还有简简单单的三片板，说鼓书的艺人凭借这些行头就可以开张了。

弦声响起，鼓槌一落，只见他随着故事情节的变化，一会儿演男、一会儿扮女，一会儿演老、一会儿扮小。人情世故，喜怒哀乐便全都聚在了他一个人的脸上。

说得正热闹时，只听“叭”地一拍惊堂木——且听下回分解。这便是东北大鼓最普遍的形式。

演员自击的鼓，也称“书鼓”，其形状为扁圆形，两面蒙皮，置于鼓架上，以鼓箭敲击。板有两种，一种由两块木板组成，多用檀木制成；一种由两块半月形的铜片或钢片组成，俗称“鸳鸯板”。

京剧 我国影响最大的戏曲剧种，分布地以北京为中心，遍及全国，有“国剧”之称。是在徽戏和汉戏的基础上，吸收了昆曲、秦腔等一些戏曲剧的优点和特长逐渐演变而形成的。京剧表演的艺术手法有唱、念、做、打，它们是京剧表演的基本功。

东北地区锣鼓表演

东北大鼓的音乐结构属板腔体，唱词的基本形式为七字句的上下句式。唱腔板式有大口慢板、小口慢板、二六板、快板、散板等。除此之外，还有悲调、西城调、怯口调等小调为它的辅助唱腔。

东北大鼓传统曲目约200段，可分为子弟书段、三国段、草段三类。子弟书段大多取材明清小说与流行戏曲，唱词高雅、富有文采。三国段中有写刘备、诸葛亮和关、张、赵、马、黄五虎上将的曲目。草段是民间艺人编演的通俗唱词，题材广泛。

东北大鼓在流行地人们的娱乐生活中占有相当重要的地位，其曲本和音乐也影响了其他艺术，被多种鼓曲移植。

在长期的传播过程中，东北大鼓形成了不同的艺术流派，如20世纪中期出现的奉调、东城调、江北派、南城调和西城调等，各派都拥有自己的传统节目。

奉调以沈阳为活动中心，唱腔徐缓，长于抒情，多演出《露泪缘》、《忆真妃》等移植子弟书词的短段节目。东城调以吉林为活动中心，以演唱《三国演义》和《红楼梦》题材的节目为主。

江北派以哈尔滨松花江以北地区为活动中心。南城调以辽宁营口

东北大鼓

为活动中心。江北派和南城调有一个共同的特点，就是表演的节目多说唱《呼家将》和《薛家将》等长篇大书。西城调以锦州为活动中心，擅长表演《罗成叫关》等悲壮故事。

阅读链接

东北大鼓早期分为梅、清、胡、赵四大门户。梅指梅清山，清指清平志，胡指胡鹏飞，赵指赵花枝，这四位艺人，各传一门。每门下传十字，一字一辈。

梅家门排字："隆、兴、成、奎、玉、山、河、江、海、湖"；清家门排字："土、尚、林、德、鑫、广、修、正、仁、义"；胡家门排字："万、亮、名、君、文、青、印、喜、寿、长"。赵家门排字不详。

另外，在早期东北大鼓艺人中，霍树棠可算鼎鼎有名，他嗓音宽厚甜润，高亢有力，节奏鲜明，旋律优美，特具豪爽爽朗的演唱风格，早年多唱长篇大书，代表书目有《马潜龙走国》、《彩云珠》等。后专攻下段，如《三国》、《游西湖》、《古城会》、《糜氏托孤》等，其中《三国》尤其为观众喜欢。

曲体严谨的辽宁鼓乐

辽宁鼓乐流行于辽宁地区，其中，海城、牛庄、南台、鞍山、沈阳等地的鼓乐发展得更为兴盛。

辽宁鼓乐自古以来就十分盛行，曾对关东各地的鼓乐产生过深远影响。辽阳出土的汉魏时期古墓壁画中就有古代的鼓吹演奏图，并且题有“鼓吹演跌欢戏”六字。

早期的辽宁鼓乐以笙管乐为主，明代唢呐兴起，经过漫长的萌生、发展，唢呐乐约在18世纪末发展成熟、完备，并与笙管乐合流，形成具有今日格局的辽宁鼓乐。

从曲目上看，辽宁鼓乐保留了少部分唐宋曲牌，大部分则是元明南北曲和明清曲牌；从结构上

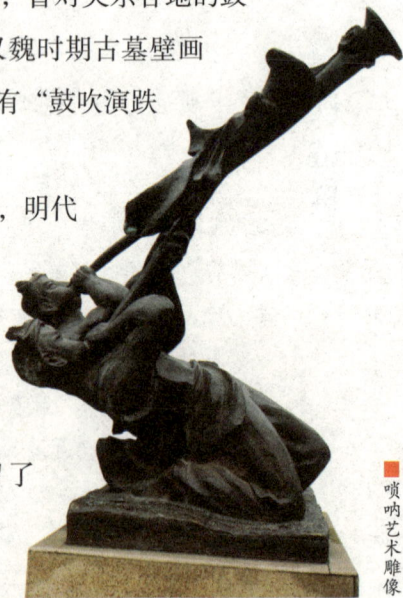

唢呐艺术雕像

看，鼓乐曲体十分严谨，每一类乐曲都有一定的结构模式，而且板数规定还十分严格。

特别是其中的汉曲、大牌子曲，有着明显的唐代大曲和宋代曲破的结构痕迹。从某些乐曲的音调上看，辽宁鼓乐曲明显地受到了北方少数民族，如契丹、女真音乐的影响。

传统乐器唢呐

在乐调方面，辽宁鼓乐用借字手法形成的“三十五调”实际上起源于唐宋的移宫换调，属“燕乐二十八调”的余绪。

辽宁鼓乐主要有唢呐乐和笙管乐两种演奏形式。两种乐各自独立，使用乐器不同，各有专用乐曲。

唢呐乐以唢呐为主要演奏乐器，此外，还有堂鼓、小钹、乐子、包锣、大号等乐器协奏。它有坐乐、行乐两种演奏形式。坐乐又称坐堂、坐棚，艺人取坐式演奏。坐乐是坐在喜家或丧家门前演奏。多演奏较大型的乐曲，演奏时所有乐器全部参加，故也称“全堂”。

喷呐坐乐有婚娶做寿、为婴儿办满月时演奏的红事和丧葬、办周年等演奏的白事之分。各地区红事坐乐使用的乐器有唢呐两只及堂鼓、小钹、乐子、挑子号各一只；白事坐乐使用乐器有唢呐两只、小钹、乐

小钹 又名小镲。我国明清以后戏曲的重要伴奏乐器。壮、苗、瑶、彝、傣、佤、仫佬、仡佬、汉等族经常使用。响铜制，钵形，钹体较小而厚，钹面直径12厘米至14厘米，碗径5厘米至7厘米，碗高1.5厘米至2厘米，碗顶钻孔系以绸布，两面为一副。

牌子曲 我国曲艺形式类别的一种。将各种曲牌连串演唱，用意叙事、抒情、说理的曲种都属于牌子曲。牌子曲包括单弦、岔曲、南音、大调曲子、越弦等。一般为一人演唱，也有多至五六人的。

燕乐二十八调 我国隋唐宫廷燕乐的演奏活动中逐渐形成的宫调系统。燕乐二十八调长期应用于宫廷燕乐及民间俗乐，对宋、元以来的词曲、戏曲、说唱、器乐等诸种俗乐具有一定的影响。

子、包锣各一只、大号两支。

由于乐器组合不同，演奏内容不同，坐乐还有大笙喇叭、小笙喇叭、咔戏、哑戏等演奏形式。

除坐乐形式外，在一些民俗活动如迎亲、拜庄、送葬等活动时需要鼓乐跟随，于是出现了行乐，行乐多演奏较短小的乐曲，其使用乐器不多，而且多为轻便乐器。

有的艺人将辽宁鼓乐唢呐曲分为汉曲、大牌子曲、小牌子曲、锣板曲四类。

汉曲只用于丧事坐乐之中。用于丧事是因为汉曲曲调沉闷，音乐风格以表现忧伤为主。用于坐乐是因为汉曲结构长大，而且版式变化极为丰富，节奏变化更是层出不穷。

汉曲分大味儿、小味儿两种。两者不仅体现在乐曲的“味道”，即演奏风格上的差异，而且在用调上也有严格的规定：不能用大味儿汉曲的调来演奏小味

关东唢呐

儿汉曲，反之也一样。

吹唢呐艺术塑像

大味儿汉曲采用辽宁鼓乐传统的“大扔大撂”演奏手法，在吹奏过程中，要求舌不碰“哨”，追求声音宏大，在风格上体现出粗犷豪迈的气概。在用调方面，大味儿汉曲只用本调、背调和四调来演奏。

小味儿汉曲是辽宁艺人运用老本调、六眼调来演奏的汉曲。在演奏方法上，小味儿与大味儿也有明显的差异。它采用“控哨”的方法，即将舌贴近“哨嘴”，充分运用舌尖的“吐字”等技巧，从而使演奏出来的乐曲细腻圆润，形成了与大味儿汉曲有鲜明对比的风格。

辽宁鼓乐汉曲大多都有乐谱，但这些乐谱只是乐曲的曲调骨架，即曲谱只记录音乐的骨干音，艺人称之为“老本谱”或“老母潜”。由于老本谱过于简单、枯燥，所以艺人不可能照本宣科地照谱演奏，而往往根据师承和个人习惯对之进行变奏。辽宁鼓乐汉曲的变奏手法有好多种。

加花是我国民间器乐曲普遍采用的一种变奏手法，它普遍运用于辽宁鼓乐汉曲的各个部分之中，常属于严格变奏之列。这种手法是在基本曲调的基础上添加一些经过音、辅助音、延留音等装饰音，其目的是使乐曲华丽、流畅、富于生机。

换字是指将老本谱中一个或几个相连的音改奏为另一个或几个相连的音。换字没有严格的程序性和规律性，往往是演奏者根据旋律进行的特点，为使之流畅，使之符合人们审美观念而即兴采用的变奏手法。

辽宁鼓乐表演艺术队

减字是与加花相反的一种变奏手法。在演奏中随着乐曲速度加快，逐渐把原来“加花”的装饰音去掉，直接演奏老本谱的曲调。

当乐曲进入更快的速度时，往往只奏主题的骨干音，在乐曲进入流水板时，有时甚至将骨干音都省去一部分。

借字在工尺谱中借变声代替正声，作为另一调的正声，从而改变调高，同时改变部分曲调的一种手法。辽宁鼓乐的借字同其他地区民间音乐的移调手法一样，利用“清角”、“变宫”两个偏音，以“清角为宫”、“变宫为角”的方法来实现移调目的。

辽宁鼓乐中的笙管乐以管和笙为主奏乐器，通常是一支管配两盘笙，此外，还有堂鼓、小钹、乐子各一支，也可加用笛、胡琴、坠琴、扬琴等，坐乐也是笙管乐主要的演奏形式。

辽宁鼓乐从风格特点、演奏曲目以及使用乐器等方面看可分为辽南、辽西、辽东、沈阳、辽北、朝阳等六个地方风格流派。

辽宁鼓乐常用曲目有《工尺上》、《梅花调》、《上菜曲》、《句句双》、《桂枝花》，大致分为唢呐乐汉曲、大牌子曲、小牌子曲、锣板曲等几类。在演奏中，乐手常在曲调的结尾处进行自由发挥，情绪热烈，技巧性强。

辽宁鼓乐的演奏者有职业和半职业艺人两种。职业艺人是以演奏鼓乐为谋生手段者；半职业艺人多从事农业、手工业等，忙时务农或操持手工业劳动，闲时或做仪式时出来演奏，也收取报酬。

辽宁鼓乐有着自己的传承谱系，它以民俗为依托，以家族班社为宗系，秉承“以师带徒，口传心授”的祖训，声声不息，世代相传至今。

阅读链接

通过历史文物考证，可以确定辽宁省早期的鼓乐活动雏形可以追溯至距今1700多年前的汉魏时期。

在我国古代，鼓乐始于秦末汉初，一说是用于古代征战时“闻鼓则进，鸣金收兵”，是战争中信兵传递指令的工具。还有人说最初它出现于宫廷，应用在新皇登基或皇室摆宴中，后又传到寺院，道僧们在焚香或念经时演奏。随着时间的推移，逐渐流入民间，用在民事活动中。

辽宁地区汉墓壁画彩绘的出土，给辽宁鼓乐的出处作出了很好的解答。

在辽宁辽阳市郊区的太子河两岸，分布着东汉末年和汉魏之际的石室壁画墓。其中，属于东汉末的有北园墓、棒台子一号墓等，墓主均为当时割据辽东的公孙氏政权的显贵。墓内的壁画直接绘在墓室石壁上，内容以表现墓主人经历和生活的题材为主。

壁画构图严谨，形象生动，色彩鲜艳。壁画中有一幅彩绘的“凤凰阁下百戏图”，图上题有“鼓吹演跌欢戏”六个字。

“鼓吹演跌欢戏”图证明，辽宁民间鼓乐与汉魏时期这一地区的鼓吹演跌欢戏有着不可割舍的历史渊源关系。这证明，至少在汉魏时期，辽阳地区已经出现鼓乐艺术活动的雏形。

独具特色的关东皮影戏

皮影戏是我国民间的一门古老传统艺术，又称“影子戏”或“灯影戏”，是一种以兽皮或纸板做成的人物剪影，在灯光照射下用隔亮布进行演戏，是我国民间广为流传的傀儡戏之一。

皮影艺术始于西汉，距今已有2000多年的历史，相传汉武帝怀念死去的帝后李夫人，有侍从晚上教人模仿帝后李夫人的姿态，用灯光把人影照在帷帐上，武帝十分感动，对此爱不释手。

关东皮影戏

制作精美的皮影

至宋代，这门艺术已广泛流传，明清两代，皮影艺术已远传中东、中南亚和欧洲各地。

明代时，河北“滦州影”传入关东地区。关东皮影戏又称作“此地影”、“照条儿”，它还包括内蒙古东部的“边外影”和“双城影”等，约有200多年的历史。

在表演形式上，关东皮影戏和河北省的“乐亭影”大致相同，但在唱腔上却带有独有的关东地方音乐的特点。由于关东皮影的唱腔本身就具有一定的板腔格式特点，行当表演上的分腔也比较清楚，因而为创建新剧种提供了很大的方便。

“滦州影”传到辽宁后，与当地影戏结合，逐渐形成了辽宁皮影戏。辽宁皮影每个影班一般由七人至九人组成，演出内容大都是神话及历史故事，经常上演的有《杨家将》、《封神榜》、《群仙阵》等剧目。

表演时，在观众面前立一块屏幕，在屏幕后面点亮影灯，灯光照在紧贴屏幕的影人和场景上，再配以锣鼓弦乐和词调，达到唱影效果。

板腔 又称板腔体，戏曲、曲艺音乐中的一种结构体式。以对称的上下句作为唱腔的基本单位，在此基础上，按照一定的变体原则，演变为各种不同板式。

滦州影 即唐山皮影，因以唐山地区乐亭、滦县一带的语言音韵为其音乐特色，所以又叫“乐亭影”、“滦州影”，流行于河北的唐山、承德、廊坊等地区以及东北地区。

边外影 又叫热河皮影，来源于滦州皮影。它分为“热北影”和“热南影”两个流派。热河皮影用厚纸或皮革雕刻成人物，借用灯光在“影窗”，也就是幕布上显影，并伴以音乐、演唱与对话，来表现人物的活动和主要的故事情节。

脸谱是皮影的核心部分，主要由王帽纱帽谱、反王札金谱、文武生花脸谱、神头妖精谱、文武花旦谱和帅盔札巾谱六大谱系组成。辽宁皮影脸谱具有明确的传统风格，观众可以按脸谱形象变化辨别剧中人物的官位和忠良善恶。

皮影的演出中需要用到影台，影台是可以拆开，可以拼合的方形小板房，长宽各五六尺，上用厚布遮盖。盖上有天窗，以便通空气、放灯烟。

左、右、后三面都是板墙，上半部空着，演唱时悬纸屏，影台要用土坯等物垫起，距地面两三尺高。全台公用一本影卷，演唱时放在“拿人的”面前的案上，操纵影人者叫“拿人的”，“拿人的”坐在影窗子里面的案前，操纵影人做出各种动作，伴奏、陪唱者坐在他的后面，伴奏配唱。

黑龙江皮影，生、旦、净、末、丑行当齐全，唱腔粗犷豪放，吸收东北民间小调，又具活泼、风趣的

望奎皮影

皮影戏中的奔马

地方特色。黑龙江皮影戏的剧目种类很多，有历史戏、神话戏、寓言戏、动物戏等。

黑龙江望奎的皮影戏历史悠久，可追溯至清朝同治年间，大约在1865年前后，就有皮影艺人在此活动演出。

望奎皮影有着诸多的优点，如精美绝伦的影人、高亢委婉的唱腔、娴熟默契的配合，这些使望奎皮影名极一时。后来望奎皮影艺人在本地皮影的基础上，大胆吸收河北“乐亭影”腔调，形成黑龙江“两合水”皮影的韵致风格。

皮影的制作过程是：先将羊皮、驴皮或其他兽皮的毛、血去净，然后经药物处理，使皮革变薄，呈半透明，涂上桐油，然后把皮革镂刻成所需的人物形象。皮人的头、四肢、躯干等各自独立，而又用线连成一体，分别以连杠由演员操纵，令其活动。

生旦净末丑 我国戏曲中人物角色的行当分类，按传统习惯，把“生、旦、净、丑”作为行当的四种基本类型。其中，“旦”是女角色的统称；“生”、“净”、两行是男角色；“丑”行中除有时兼扮丑旦和老旦外，大都是男角色。

皮人涂有各种颜色，表达人物的善恶美丑。雕刻

皮影中的各类角色

时，一般都用阳刻，有也用阴刻，雕工细致，刀法多变。绘画染色也有一定的讲究，女性发饰及衣饰多以花、草、云、凤等纹样为图案，男性则多用龙、虎、水、云等纹样为图案。

人物造型与戏剧人物一样，生旦净末丑角色齐全。制成的皮影高的达55厘米，低的仅有10厘米左右。

演员在半透明的白布后，贴近幕布熟练地操纵皮人活动，并有说唱、乐队伴之，有声有色地表演剧情故事。表演时还同时配以打击乐器和弦乐，有着浓厚的乡土气息。

阅读链接

唐山皮影是汉族地方戏曲艺术之一，又称滦州影、乐亭影，是我国皮影戏中影响最大的种类之一。因其影人、道具是用牛、驴皮制成，故又通称驴皮影。通常认为初创于明代末期，盛行于清末民国初年。

唐山皮影戏以历史故事、神话传说、寓言故事为主，题材大多来源于历史名著，主题积极向上，有的表现保家卫国的英雄，有的表现惩恶扬善的侠士，有的表现反抗压迫的勇者，歌颂真善美，鞭挞假恶丑。

唐山皮影其唱腔为板腔体，唱词多为7字句或10字句，主要板式有：大板、二板、二六板、紧板、快板等，伴奏音乐主要是四弦、二胡、扬琴、大阮、唢呐等，表现舞台及各种戏剧人物的不同情绪。

唐山皮影的唱腔是从一种纯说唱形式演变而来的，主要伴奏乐器以前是一把小三弦，后来逐渐被四胡所代替。

奇特的关东地区习俗

关东地区地处严寒地带，天气十分寒冷，为了适应这奇寒的天气，聪明的关东人“发明”了很多外地人看不明白的怪俗，实际上，这些怪俗都是富有地方特色的民俗习惯。

古代关东地区的居民十分贫穷，住房大多是土垒草屋，其窗户大多是木棂格子窗，冬天来到时，只好用纸糊上，以挡风御寒。

东北窗棂

由于屋内火炕都是靠窗户的，这就和窗外有较大的温差，如果把窗户纸糊在里边，窗外所结的冰霜遇室内高温时就会融化，水就会流到窗纸和窗棂结合

东北篱笆

处，不仅容易使窗纸脱落，而且还会造成窗棂腐烂。

而将窗纸糊在外面，不但可以使室内火炕发出的热气得以保持，而且窗纸又不会被浸湿而脱落。此外，还可以延长窗户的使用寿命。

糊窗户纸的方法是将两张窗户纸中间夹上网状麻蝇，糊在一起，然后再糊到窗棂上。最后再在窗纸上均匀地涂上豆油。纸干后，挺括结实，既不怕雨淋，又不怕风吹，经久耐用。

关东民间有一句俗语：

草坯房子篱笆寨，关东百姓人人爱。

关东地区的百姓把草与泥和在一起，按在固定的模子中，做成一块块一尺长短的土块，叫“坯”。常说的脱坯是在阳光下将这些土坯晾干，然后用来垒屋。土坯的种类分黑土坯、黄土坯、砂土坯和木棒土坯四种。

关东地区冬季严寒，夏天又温热。用土坯盖房，既冬暖夏凉，又经济实惠。

篱笆在关东十分普遍，关东民间有“穷夹樟子富打墙”之说，其实夹樟子和打墙作用相同，只是材料不同而已。

平原地带盛产柳条、秫秸，篱笆墙往往用这一类枝条为材料。山里产木材，木樟子居多，有的人家干脆以圆木为樟子。

一般人家夹樟、修篱笆往往是为了安全和取暖。过去关东地区人烟稀少，地方荒凉，常有狼狐出没咬人吃家禽。篱笆墙可以防止野兽进入，也便于家狗看家望门。

另外，有的篱笆寨子修得离窗子很近，这样就起到了遮挡风雪的作用。北方的风大雪猛，篱笆墙可以使大风雪减速，不直接扑打在窗子上，保住了屋子里

篱笆 又叫栅栏、护栏，北方地区常用来保护院子的一种设施，一般都是由棍子、竹子、芦苇、灌木或者石头构成。也大量地应用在菜园、场院的周围，圈在菜园周围可起到挡风的作用。篱笆的种类按制作的材料可分为植物篱笆、金属篱笆、塑料篱笆。

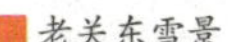

老关东雪景

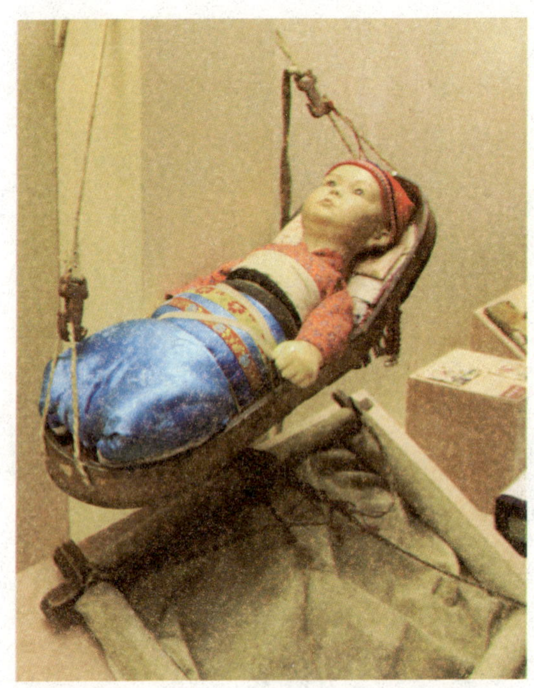
东北悠车

的热气。

在关东，烟囱安在山墙边，这是这里的百姓生活的发明与创造。关东是多民族居住地区，无论是蒙古族、满族、汉族和朝鲜族，他们的住房都是烟囱安在山墙边。

把烟囱安在山墙边，好处很多，一是可以延长火炕里的热气跑到外面的时间，保持炕内温度；二是可以节省燃料；三是可以减小烟囱安在房顶对房顶的压力。如果房上修了烟囱，烟囱底部往往最易漏水、渗水，春天雪化的水也往往容易从烟囱底下流入房里，易烂房木。

另外，将烟囱安在山墙外边还可以节省烟囱所占的室内面积。同时，烟囱整齐地坐在房山头，远远望去十分美观。这些独立式的烟囱，关东当地称坐地烟囱，它们使房屋显得整齐，像一座座小塔。

还有一点更有意思，那就是烟囱安在山墙边，烟囱柱子处常常是农家安放鸡窝的地方。就是在严寒的冬季，也可以在里做窝孵小鸡，还可使母鸡多下蛋。

关东地方的各民族先民均在烟囱上动脑筋，有的人家干脆取一段枯死木材，掏空其心做烟囱，这在关东山区随处可见。

山墙 房屋两端的横向外墙一般称为山墙。山墙有三种形制，一是人字形，比较简洁实用，民间多采用这种形制。二是锅耳形，线条优美，变化大，民间俗称“镬耳墙”。三是波浪形。造型起伏有致，讲究对称，百姓基本不用。

这种烟囱制作简便，由于屋内火炕面积大，火洞长又多，烟火在炕内洞里循环时间长，当烟火走到烟囱口时，已无火焰存在，所以也很少发生火灾。

冬天白菜不易储存，在冬长夏短生产力低下的关东地区，蔬菜很难保鲜，聪明的关东人就发明了将白菜腌渍起来的办法。

关东地区腌渍白菜，先是把白菜洗净，晾晒几天，然后放在大缸里，撒上大粒食盐，然后浇灌凉水。凉水要漫过白菜，最后用大块石头将白菜压住，缸口用黄泥封住。40多天就可食用。

在关东地区，孩子出生后，要用一种叫“悠车”的工具把孩子吊起来，让孩子在里面玩耍、睡觉，俗称“养活孩子吊起来”。悠车也叫“邮车”、“腰车”，还有的地区叫“炕车”、“晃车”，其实就是摇篮。

满族 原称满洲族，之前亦称为满民、满人等，是我国的一个少数民族。满族散居我国各地，以居住在辽宁的为最多，其他散居在吉林、黑龙江、河北、内蒙古、新疆、甘肃、山东等省区和北京、天津、成都、西安、广州、银川等大、中城市。形成大分散之中有小聚居的特点。现在的主要聚居区已建立岫岩、凤城、新宾、青龙、丰宁等满族自治县，还有若干个满族乡。

东北雪乡

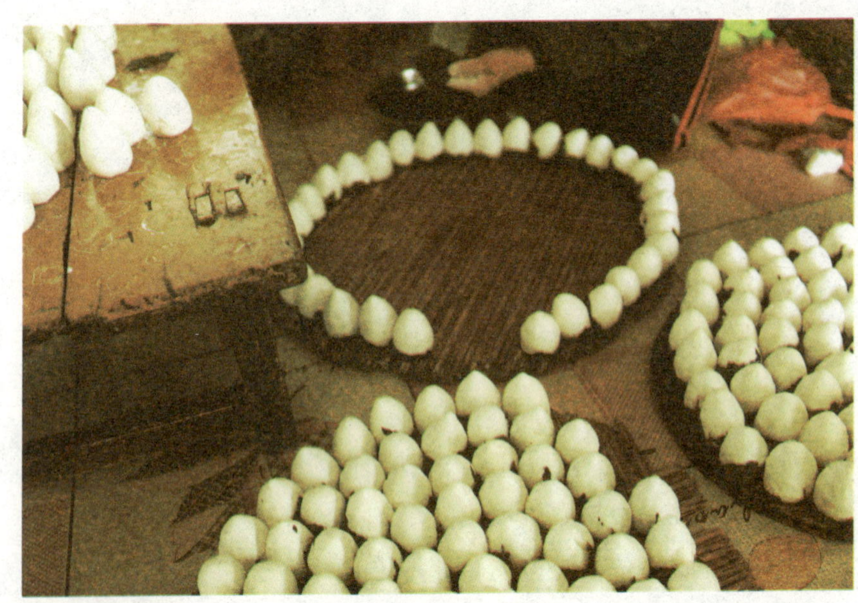

东北黏豆包

过去，关东人家一般都是南北炕，媳妇或婆婆往往坐在炕沿上，手里一边纳着鞋底子，一边推着悠车，嘴里还哼着风趣的《摇篮曲》。据说睡悠车的孩子大多聪明英俊。

实际上，这种有趣的悠孩子工具，是聪明的关东妇女发明的解放自己的工具。为把自己解放出来，琢磨着创造一种工具，既能让孩子睡觉又能干活，悠车就应运而生了。

谷子 我国民间口语对主要种子类粮食作物的称呼，在我国北方主要指粟，在南方主要指稻，有时也专指称其尚未去掉外皮的种子。我国传统所称的五谷是指黍、稷、麦、菽、稻，另一说为黍、稷、麦、菽、麻。

关东地区满族人喜爱吃粟米，如糜子、黏谷、稗子、谷子等。黏豆包也是满族人喜爱的食物之一。

每至腊月，关东地区家家户户包黏豆包，先把大黄米碾成面，做皮。把红小豆蒸熟压成豆泥，做馅。有的馅里面还放些白糖。豆包包好后，上锅蒸熟后就可以蘸着白糖吃了。

从腊月开始包豆包，放在大缸里冻上，一直吃至正月，这已经成为关东地区农村过年的习俗。

单鼓 满族萨满所用鼓的一种类型，由于它长期在满汉杂居地区流行，已无满语称谓可考。单鼓属握执型的单面鼓，以其形制特征而命名，也称“单面鼓”、“单环鼓”、“太平鼓”等。其鼓形不规则。

关东地区的冬天一般都在零下30度左右，风大雪大，风雪交加，常常刮起睁不开眼的“大烟泡”。因此特别是出远门的如车老板、上山打猎的猎人都把皮袄反穿，这样雪落在毛上自然滑落，不然皮袄就会被雪打湿。

久而久之，反穿皮袄成了关东地区一个习俗。

过去，关东地区一到冬季，天气奇寒，人们在户外活动时，男人们几乎都要头戴一顶狗皮帽子。

一些身份高贵或者有钱的人，则戴其他动物的皮毛的帽子，如狐狸皮、貂皮、水獭皮等。由于这些动物的皮毛十分稀少，因此也比较金贵，一般人是戴不起的。

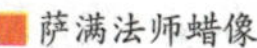

萨满法师蜡像

狗皮帽子的优点，一是几乎家家都养狗，货源充足；二是狗皮的皮毛细长且柔软，保暖性好；三是狗皮不容易掉毛，干净整洁，结实耐用，而且防潮性能极佳。

关东地区的农村偏远落后，孩子们又很少上学，人们常常对科学的认识不够，一些别有用心的人懒于去田间劳动，就利用人们对妖魔鬼怪的惧怕

金代白玉嘎拉哈

心理，装神弄鬼，愚弄百姓，榨取钱财。

人们在生病时，就以为是妖魔鬼怪附体，于是，就请“大神”、“二神”等人，连唱带跳地给病人“跳大神儿”来驱魔降妖。

事实上，“跳大神”实际是萨满的舞蹈，萨满舞是巫师在祈神、祭礼、祛邪、治病等活动中所表演的舞蹈。满族称萨满舞为“跳家神”或“烧旗香”，在表演的时候，萨满腰间系着长铃，手持抓鼓或单鼓，在击鼓摆铃声中，请各路神灵。

萨满请来神灵后，就要模拟所请之神的主要特征，作为各路神灵的表演。

蒙古族称萨满舞为“博”、“博舞”。萨满的神帽上有鹰的饰物，身穿带有飘带的裙，腰里系着九面铜镜，用以显示神威、法力。表演的时候，法器用单面鼓，一名萨满为主，另外两名萨满为他击鼓伴奏。

舞蹈多是模仿鸟兽与各种精灵的动作，最后表演“耍鼓旋转”。

旧时关东地区农村贫穷，孩子们没有什么玩具，就在每年杀猪时，把猪的“嘎拉哈”摘下并积攒下来当玩具用。

“嘎拉哈”是猪、牛、羊、猫、狗、狍子、麝、骆驼等后腿的一块骨头，共有4个面儿，较宽的两个面一个叫“坑儿”，一个叫“肚儿”，两个侧面一个叫“砧儿”、一个叫“驴儿”。

“嘎拉哈”的玩法是事先用旧布头儿缝制一个小方口袋儿，口袋里装上粮食，然后把“嘎拉哈”放在炕上。

游戏时，把小口袋抛到空中，迅速把炕上的“嘎拉哈”改变方向，然后在口袋掉下来时及时接在手中，如此往复，直至炕上所有的“嘎拉哈”都改变过四个方向为止，俗称“欻嘎拉哈”，技艺高超的玩者玩时如同杂技团的杂耍演员表演一般。

火盆是东北民间的一种取暖工具,里面盛上“小灰”,端到火炕上顿时满屋生暖。

火盆用泥或铁、铜制成,大小不一,有的还在盆边刻上吉祥花图。“小灰”是“豆棵”、“谷草”、“茬子”等植物燃烧后的灰烬。它们的质地坚硬，从炕洞或灶坑里铲出的灰烬一般只燃过百分之六七十,所以其热度仍很高,制成“小灰”能充分保持热度。

烤火是这里的大人小孩的一种乐趣。严冬,当户外风雪呼啸, 全家人坐在热炕头上,讲故事、剪窗花、纳鞋底,一边游戏,一边在火盆里烧些小

龙纹取暖火盆

吃，有土豆、地瓜、黄豆粒、苞米粒等，边烤边吃。有时还把小仓子壁的黏豆包拿出来，埋在小灰里烤。一股股的香味在屋子里飘荡，大人小孩争抢着吃烤得黄澄澄的豆包，真是又甜又香。

生火盆也是这儿的居室结构决定的。关东的先民肃慎人多居山林，从事淘金、放排、狩猎、挖参等活动，山里的房舍多为“子”。据《关东地子考》载，这类房分为“里子”和“外子”。所谓的里子，山里人又叫“暖子”，是山里人长年居住的房屋。

这样的房了一般要深入地下半米多,然后上起房架,室内起火炕,炕上置火盆。从事山村作业归来的人进屋后要立即脱下衣裤,放在炕上烘烤以祛潮气。由于山里潮湿,无论春夏秋冬，炕头都让给“衣裳”,不把衣袋、鞋烤干烘热,第二天就上不了山,尤其是淘金、放排的行帮之人。

谁家来了客,主人就招呼:“上炕暖暖脚！把火盆往跟前拉拉！”

阅读链接

很早以前，有一个媳妇，丈夫常年在外，她自己带着孩子下地干活。她把孩子放在一个筐里，然后把筐挂在地边的一棵树上，接着开始干活。

一天，她正在干活，听到地边树那儿有动静，她一看，一条大蛇盘在树上，伸着长长的脖子，吐着红红的芯子，直往筐里扑。

她急忙扑了上去，用棍子把蛇打跑了。媳妇决心不再带孩子到地里去了。

她想出了个主意，把装孩子的筐挂在屋里的房梁上，让婆婆坐在家里悠着，这样既安全还省力，孩子也舒服。别人也效仿这么做，久而久之，关东地区就流传开了“悠筐”。后来，“悠筐”发展成了“悠车”。

达斡尔族人狩猎捕鱼

达斡尔族是生活在黑龙江、嫩江流域的我国少数民族之一。"达斡尔"是达斡尔族固有的自称。"达斡尔"一名最早见于元末明初。

达斡尔族是一个古老的民族，和古代契丹族、奚族等民族有着紧

森林中的达斡尔族

猎叉

密的血缘关系。

传说，几百年前，一支契丹军队来到达斡尔族最先居住的黑龙江地区修边堡，从此便在此定居下来。这支军队的首领叫萨吉尔迪汉，就是达斡尔人的祖先。

17世纪前，达斡尔族已结成村落，聚族而居。渔猎业是他们传统的最古老、最重要的生产活动之一。

弓箭和扎枪是达斡尔族猎手狩猎生产最主要的工具。这些工具原始、简陋，命中率不高。

为了保证人身安全、提高狩猎生产的效率，达斡尔人便逐渐摸索，形成了众人集体围猎，即“打围”的狩猎生产方式。这种方式多以氏族为单位，由一名经验丰富的“阿围达”，即围猎的首领，统一指挥进行。

具体方法就是参加围猎的众人按圆形分布，把预定的猎场包围后，慢慢搜索前进，逐渐缩小包围圈，最后将被围困的貂、狍子、鹿、野猪等动物射杀。

冬季是达斡尔族打猎的最佳时期，此期间打猎主要目的之一是办过年的货物。主要猎取狍子、野兔、貂及灰鼠、香鼠、艾虎、元鼠等珍贵细毛兽类，其肉供年节食用，皮毛出售，以办年货。

具体狩猎方法：下套子。捕猎前，用铁丝做好套子，捕猎物时，将套子一排一排地下好，形成阵地状，放在兔子、狍子出没的地方伪装好等兔子、狍子

香鼠 又叫香鼬，是一种生活在亚洲山区的鼬鼠，主要分布在我国的东北、华北、西北和西南。以分泌液有香气而得名。该物种为有益动物。

狍子 关东地区最常见的野生动物之一，又称矮鹿、野羊，属偶蹄目鹿科，草食动物，身草黄色，尾根下有白毛，雄狍有角，雌无角。经济价值比较高。

等猎物出来时踩上套子，即可套中。

达斡尔族人下夹子主要是猎取黄鼠狼、元鼠以及貂等小动物。他们将夹子埋在黄鼠狼、貂等洞口，猎物一出来，就会被夹住。达斡尔族猎人在长期狩猎中，创造了一套捕貂又不伤皮毛的方法。

达斡尔族猎人还喜欢用鹰猎狩猎，鹰猎狩猎多在雪后的清晨进行。猎人脚跨骏马，左臂托举猎鹰，寻游于雪野山林之中。

发现野鸡、野兔等小型禽鸟动物后，便令猎鹰迅速出击，准确而有效。

鹰猎的收获量虽然不大，但它既是一种生产劳动，又是一项饶有风趣的体育娱乐活动，因而深受达斡尔人的喜爱。拥有一只聪明伶俐、敏捷强悍的猎鹰也成为猎人的骄傲与自豪。

富拉尔基区是黑龙江齐齐哈尔下面的一个地区。区域总面积约375平方千米。“富拉尔基”是达斡尔语“呼兰额日格”的转音，意思为“红色的江岸”。

关于富拉尔基别称“红岸”的由来有这样一个传说：这里曾是野狼、狍子、獾猪出没的地方，传说中的一天，一位达斡尔族青年打猎了一天到达这里，他很渴而这里却没有水源，这个达斡尔族青年奄奄一息。此时一位身着红衣的仙境女子从空中经过，看见这种情形，顿生怜悯。

于是伴着一阵清风，仙女飘然下凡，她将一条手上的银链系在兴安岭的伊勒库里山脚，于是一条大江滔滔而下，清甜的江水救活了青年。

古少数名族猎鹰俑

冬季捕鱼用的渔船

达斡尔族青年与红衣少女彼此一见钟情。成婚那天，仙女将一枚红宝石镶嵌在他们相见的大江之岸，十里江岸，红光映照。他们的子孙繁衍生息在这片土地上以渔猎为生并赋予这里一个美妙的名字——富拉尔基。

《朔方备乘》记载，1649年前后，达斡尔族人在这里建立据点，并以打鱼为生。从此，富拉尔基区成为达斡尔族人的一个聚集区。

达斡尔族人历来傍江河而居，渔业是他们传统的生产活动。在达斡尔族居住地的江河流域，鱼类丰富，盛产几十种鱼，达斡尔人熟悉鱼的生活习性。

在渔业方面，达斡尔族对冬季冰上捕鱼情有独钟。每当严冬来临，在冰封的江面上进行“步日阔”，即冬季冰上扠鱼。溜冰扠鱼，即在刚结冰不久的冰层上进行，捕鱼者边溜边将看到的大鱼迅速用鱼叉扠出冰层。

还有凿冰扠鱼，方法是：在江水冰冻后，在鱼群出没的深水处凿开一个大小适当的冰眼，然后在其上盖个小窝棚，遮住阳光或月光。

晚上到小窝棚里面扠鱼时，点燃火炬或油灯之类，当大鱼见光游入凿开的冰眼时，便迅速用扠对准鱼头，这样鱼扠下去才能扠中鱼身中部，将鱼扠出。河里有鲤鱼、狗鱼、敖花鱼、胖头鱼、鲟鱼、大鲇鱼等，有时能插到20多千克重的大鱼。

此外，达斡尔人还用渔网在冰下捕鱼。拉网捕鱼是冰上捕鱼中场面最大也最为壮观的冬捕方式。

要将上百米长的大鱼网下到水里，第一道工序是凿开厚达一米有余的坚冰，并且要每隔三五米就得凿一个冰眼，其难度可想而知。

一排排的冰眼凿好后，把一根一头拴着长绳的木杆从第一个冰眼送入水中，再用一端带有弯钩的杆子，将漂浮在水中的带绳子的杆子向另一个冰眼串动。

绳的另一端连着网端，这样大网就会在冰下水中张开。展开的大网过一段时间就会裹上鱼，然后再把裹上鱼的大网拉上来。裹上鱼的大网很重，拉网的人没有十几个或几十个是拉不动的。

这种捕鱼活动是一个热闹的集体场面，加上出网时那活蹦乱跳的金黄、碧青、墨晶各色大小鱼儿拍冰声、捕鱼人的欢笑声，在冰面映衬下呈现出一幅北方特有的迷人画面。

冬季凿冰打鱼

达斡尔人收网捞鱼

一次较大的集体凿冰围网捕鱼活动，从清晨鸡叫前就开始凿冰眼，一直至半夜才收完网。有时从黄昏开始起网，要到第二天天亮才能收完。

阅读链接

达斡尔族居住的地区渔猎资源极为丰饶。达斡尔人狩猎具有一定的季节性。

春夏之际的两三个月，主要是打鹿，目的是获取鹿茸等珍贵药材。秋天主要是打狍子，解决肉食和皮张等生活用品。冬天主要打紫貂、松鼠等细毛兽，所获皮张大多用于出售。冬末春初，猎取鹿胎。

达斡尔族捕鱼工具种类齐全，数量较多。有鱼囤以及运人、载物的船只等。

仅就网具而言，既有适应大规模渔业生产而使用的拉网，也有适合于个人单独捕鱼时用的挂网、旋网和袖网，基本上可以满足达斡尔人在不同季节，按不同规模从事渔业生产的需要。达斡尔人的捕鱼方法也是多种多样的，如网捕、叉鱼、钩鱼和挡亮子等，其中最擅长的是凿冰取鱼。

热闹的满族冰雪活动

由于关东地区结冰期较长，一年之中差不多有四分之一的时间是结冰期，所以满族一向把冰雪视为一种圣洁的象征。

满族服饰

史书记载，清代把辽河的支流浑河的浮冰，列为祭祖先的供品之一。每年小寒这一天，官府要到浑河凿冰窖藏，以供礼部祭祀用。

而浑河又是宫廷冰上运动的天然大冰场。从那时起，浑河一带的满族，就经常自发地在冰雪上进行各种体育活动来锻炼身体。

滑冰等冰上活动在我国有悠久的历史，早在宋代就开始有了。过去叫

冰车雕像

“冰戏”或叫“冰嬉”。清代的冰上运动源于满族习俗。

《日下旧闻考·宫室·西苑一》中记载：

冬月则陈冰嬉，习劳行赏。以简武事而习国俗云。

清高宗乾隆帝《冰嬉赋序》记载：

国俗有冰嬉者，护膝以芾，牢鞣以韦，或底含双齿，使啮凌而人不踣焉；或荐铁如刀，使践冰而步愈疾焉。

这里所说的国俗，指的就是民间所称的“跑冰鞋”。

很早，满族的先民女真人是用兽骨绑在脚下滑冰，后来演化成用一根直铁条嵌在鞋底上，这便是最早的冰刀。

清代初年，清朝朝廷把一系列冰上活动视为军事训练，设冰鞋处专门管辖。“跑冰鞋”一直是当时八旗子弟必须操练的一项军事项目。久之，军事训练的目的逐渐淡薄，游艺性慢慢突现出来。

跑冰鞋运动是沈城，即沈阳最早的一种滑冰运动，源于满族渔猎时期。最早使用的跑冰鞋，是用兽骨制成。随着生产力的发展和滑冰技巧的提高，逐渐

《日下旧闻考》 古籍名，是在《日下旧闻》的基础上删繁补缺、援古证今、逐一考据而成的一部古籍，是迄今所见清代官修的规模最大、编辑时间最长、内容最丰富、考据最翔实的北京史志文献资料集。

演变成双刀与单刀两种。

冰鞋木底上嵌有铁制冰刀，刀比木底短，停止、转弯可借助木跟。民间比赛者穿上冰鞋进行比赛，比赛的内容有比速度、“转龙射球”等。

满族关于滑冰的文字记载，最早见于努尔哈赤执政时期。努尔哈赤经常带领八旗的大臣及他们的家眷举行冰上运动会。

1623年，努尔哈赤在太子河的天然冰场上，举行速度滑冰及冰球表演赛，不仅有满族贵族和官员参加比赛，而且有满、蒙王妃和官员之妻等参加比赛。每次比赛都分别给与重赏。其中一等赏银20两，二等赏银10两。比赛结束时，还在冰上举行国宴以表示庆祝。

有一项叫踢行头的冰雪娱乐活动在清代盛行一时。

相传满族先世肃慎人以渔猎为生，每当猎获熊、虎、野猪等猛兽，均视为山神所赐，他们将兽头割下供奉于树桩上，众人围着树桩歌舞，烤食兽肉，饮酒祝贺。最后，他们又将兽皮剥下来缝制成皮球状物，相互追逐踢蹴戏耍。

“行头”是用熊或猪皮缝成的球，内用棉花等软物填塞，或将猪膀胱灌鼓做成，大小如足球。

牛车爬犁

爬犁

满族踢行头多在冬季旷野结冰河面上进行。首先在江河冰上空旷处，划道横线为界，设三名裁判，手持一木杆或秸秆，立于线上。

比赛时，满族青年身着箭仪衣，脚穿浇水冻硬靰鞡。开赛开始，双方列队于线上，一方开球，另一方则横立于线上阻拦。

开球后，一方队员向对方阵地激冲过来，另一方队员则全力阻截，双方形成来往阵势，激烈拼杀。任何一方将行头踢入对方线内，裁判手中木杆立即落下，判为进球方胜利。

在比赛场地旁，双方备有羊、牛、猪等肉食及传统食品黏糕、豆包等，并点燃篝火或炭火，待比赛结束，败方将自己备的美酒、肉食送给对方。双方在篝火上烤肉，以肉佐酒，又唱又舞，狂欢庆贺。

满族还流行一种轱辘冰的活动。每当农历正月十六晚上，满族妇女们三五结伴，手持灯笼，说笑着来到旷野，横卧在冰雪上，左右翻转滚动，嘴里不停地诵唱："轱辘轱辘冰，腰不痛，腿不疼，身上轻一轻。"

接着在冰上尽情地嬉闹取乐，俗称"脱晦气"。这种活动延续了很久，深得满族妇女的喜欢。

滑冰车是满族儿童冬季喜爱的冰上运动项目。冰车又称“雪橇”，或称“冰床”，满语称“法喇”。据《黑龙江志稿》记载：

> 制如冰床，而不拖铁条，屈木为辕，似露车座低，傍轮前有轭而高，驾以牛或马，走冰上如飞。也可施帷幕衾绸以御寒。
>
> 赫哲人所用狗爬犁，形如小车而无轮，以细木性软者削两辕，前半翘起上弯，后半贴地处，置四柱与四框，铺以板。如运重物，则于上弯处驾犬二，人在上以鞭挥之，其速超于奔马。

溜冰车用木头制成小爬犁，在下面加上铁条。人既可以坐在上面，又可以蹲在上面，还可以站在上面。一个人玩或几个人玩均可。

灯笼 我国的一种传统民间工艺品，在古代，其主要作用是照明，由纸或者绢作为灯笼的外皮，骨架通常使用竹或木条制作，中间放上蜡烛，点燃蜡烛成为照明工具。后来，灯笼的作用已经变成了一种收藏与欣赏的传统工艺品，佳节庆典中都要使用灯笼，特别是元宵节和中秋节。

■马拉雪车

一般是一个人蹲坐在上面，双手握着“冰扦子”撑动前进；也有的将冰车放在坡上借着惯力往下冲行；还有的坐二人以上由人拖着在冰上奔跑。

清朝乾隆皇帝曾写诗记叙道：

服牛乘马取诸随，制器殊方未可移。
似榻似车行以便，曰冰曰雪用皆宜。
孤篷虽逊风帆疾，峻坂无愁衔橛危。
太液拖床龙凤饰，椎轮大辂此堪思。

打陀螺 我国开展得较为普遍一种传统体育活动，孩子用一根木棍绑上一把棕叶或棕绳，做成打陀螺的鞭子。用一段很短的圆木头，把它的一头削成圆锥形，园锥的顶端钉一个铁钉做成陀螺，然后拿一根绳子把陀螺绕几圈用力一丢，陀螺就会在地上转起来，然后用鞭子不停地抽打陀螺，陀螺就会不停地转动下去。

溜冰也是冬季满族青少年喜欢的一项活动。

溜冰时，左脚蹬着下嵌有铁条的一块小木板，右脚下缚有铁制脚镫，右脚不停地蹬冰，以此带动左脚下滑板向前滑动，势如飞燕。

关东马拉爬犁

关东儿童在冰上娱乐

打滑达也是冬季满族儿童游戏项目。冬天在上坡处以水浇冻成冰山，高达几米、十多米，冰面光亮平滑。玩时自顶部立身滑下，以至地不倒者为胜。这种活动可以锻炼孩子们的勇敢精神。

此外，满族儿童还有“打陀螺”等丰富多彩的冰上运动。每到江面封冻季节，孩子们手持缨鞭，在冰上抽打着上平下尖的圆形木冰尜，冰尜在冰面上飞快旋转不倒，有的还发出“嗡嗡”的响声。

古代我国流传已久的蹴鞠也移到了冰上，出现了冰上足球。每队由几十人组成，按位置站好，然后将皮革制成的球抛起，球快落地时，大家飞快地滑过去争夺，得到球的队获胜。

如看到自己队得不到，而对方有可能得到时就将球踢远，再去争夺。最初，清朝将这种活动视为军训的一种手段，仅在军队中进行。后来也流传至民间。

清代文人曹寅《冰上打球词》生动地描绘了冰上打球的情景：

青靴窄窄虎牙缠，豹脊双分小队圆。
整洁一齐偷著眼，彩团飞下白云边。
万顷龙池一镜平，旗门回出寂无声。
争先坐获如风掠，殿后飞迎似燕轻。

关东冰灯

从诗中可以看出，滑冰的两队队员争先恐后地打足球的情景，说明满族人非常擅长和喜爱冰上运动。

做冰灯。冰灯是关东地区特有的民间艺术。据考已有数百年的历史了。清代前期，曾规定松花江一带的渔民，在每年腊月都要向皇室进贡鲟鳇鱼和其他鲜鱼。渔民们冬天凿冰捕鱼时常用水桶冻一个“冰坨子”，中间点一盏灯，用来照明。于是原始的冰灯，就这样被创造出来了。

清代中叶，关东地区有些城镇即已举办了小型的冰灯游园活动。

据《黑龙江外记》载：

上元，城中张灯五夜，车声彻夜不绝。有镂五六尺寿星灯者，中燃双炬，望之如水晶。

清人唐顺元的《元夕咏冰灯》诗，对冰灯的盛况作了非常生动的描写：

正怜火树斗春妍，
忽见清辉映夜阑。
出海鲛珠犹带水，
满堂罗袖欲生寒。
烛花不碍空中影，
晕气疑从月里看。
为语东风暂相借，
来宵还得尽余欢。

冰灯

每逢到元宵佳节，冰灯的装饰式样，千姿百态，美不胜收。

这些五花八门的冰雪活动，在满人进入关内后，被带到了北京，并与中原北方较寒冷地区的冰上活动结合，久而久之，形成一系列冰上嬉戏项目。

阅读链接

努尔哈赤在关东地区时，训练了一支特殊的部队，这支部队以冰鞋和冰橇为行军工具。这就是清政府把跑兵鞋作为“国俗”的历史原因。

满族入关后，每年农历十月都要在北京北海太液池的冰面上检阅八旗子弟的滑冰技艺。

八旗要各派出两百名滑冰高手，组成1600人的队伍。检阅分两队，一队穿红马褂，黄背心；另一队穿黄马褂，黄背心。

背上插着八种颜色的小旗，与八旗的旗色相等。膝上裹着皮护膝，脚上穿着有冰刀的皮鞋。冰场上设有三座高大的牌楼，两队各自列成两路纵队，分别穿过三座牌楼，曲线前进，形成一个螺旋形的大圈，壮观宏伟。检阅之后，便开始各种冰上体育运动的技艺表演和比赛。

闯关东留下的地域文化

清朝时期，清政府不修建长城，却对山海关非常珍视。这座雄关，对于清政府来说，仍有重大的意义：一是稽察往来商旅，抽取税收；二来有利于防范内地人通过山海关进入关东地区。山海关犹如一座天然的界碑，界定着关东和中原大地，这边为关东大地，那边为关

山海关城楼

守关的八旗子弟

内，为中原大地。

清政府历来就把关东作为他们的兴起之地，“龙兴之地”，他们实行民族等级与隔离制度，严禁汉人进入关东垦殖。清朝入关第一个满族皇帝顺治曾告诫满洲贵族，如果有一天没有了出路可退往关东。

顺治还下令沿着明代辽东边墙修筑“柳条边”，以分隔关东地区和中原地区。柳条边东起辽宁凤城，西至山海关下，挖土为沟，堆土为堤，在堤上插上柳条，筑成篱笆，并驻兵把守，关内人只能凭官府发的印票出去。

清康熙统治时期，为了保住关东地区的满洲风俗，防止满人汉化，依然禁止汉人进入关东。

1668年推行民族封禁政策，以致造成关东地区大量的无人区。清朝乾隆皇帝曾发布谕令，明确规定关东土地禁止耕种采伐，保留大片荒野以保持八旗骑射

中原 主要是指黄河中下游地区，就是今天的河南。河南是中华文明最重要的发源地。4000多年前，河南为中国九州中心之豫州，故简称“豫”，且有“中州”、“中原”、“中土”之称。中国历史上绝大部分时间的政治、经济和文化中心都在黄河流域中原地区，逐鹿中原，方可鼎立天下。

闯关东的一家人

围猎的风俗。

自该道谕令开始，封禁关东正式纳入国家法制，清政府加强对出关人员的盘查，在关东地区搜捕偷偷出关的汉人，一旦发现便立即遣送回原籍。辽宁、吉林、黑龙江作为清朝的政治、经济特区而受到严格的保护。

19世纪，黄河下游连年遭灾，清朝政府却依旧禁止关内人士进入关东。但生活没有着落的农民不顾禁令，成千上万的人冒着被惩罚的危险，“闯”入关东地区。

闯关东的人流中，以山东、河北、河南、山西、陕西人居多，其中又以山东人最多。山东有些地区，几乎村村、家家都有闯关东的。甚至村里青年人不去关东闯一闯就被乡里人视为没有出息。

“闯关东”的路线分为陆路和海路两条路。陆路就是经山海关，越长城走辽西，进入关东地区，走这条路线的主要是河北、河南、山西等内地居民；海路

齐鲁文化 齐文化和鲁文化的融合。齐是指春秋时期的齐国；鲁是指春秋时期的鲁国。春秋时期的鲁国，产生了以孔子为代表的儒家思想学说，而齐国却吸收了东夷文化并加以发展。两种文化在发展中逐渐有机地融合在一起，形成了具有丰富历史内涵的齐鲁文化。

就是由山东半岛烟台龙口一带乘船到达辽东半岛大连附近，走这条线的主要是山东人。

关东是山东人的第二故乡，那里有他们的父老乡亲，一旦生活发生了困难或遭遇天灾人祸，他们便首先想到闯关东，投亲寻友，以求渡过难关。

人是文化、信息的载体，人的流动实际上就是文化的流动。“闯关东”浪潮一潮高过一潮，意味着中原文化向关东地区大规模挺进，文化交流也进入了一个新阶段。

山东村、河北村等在关东地区的出现，从文化层面上来看，实际上是齐鲁文化、燕赵文化、吴越文化等的平面转移。加上人数占绝对优势，他们有充分理由和力量保持自己的文化。

关东地区稳定的人种群应当说是以关内移来的各地的汉族为主体，包括满、蒙、朝鲜、锡伯、鄂伦春、达斡尔、赫哲等少数民族在内的复合群体。多民族的融合交流给关东地区的文艺以充足的活力和魅力。

这种多元文化碰撞的结果是造就了兼容性、包容性和开放性并存的关东文化。

可以说从闯关东开始，华北地区和关东地区，无论在语言、宗教信仰、风俗习惯、家族制度、伦理

燕赵文化 在古燕赵区域内产生的一种地方文化，燕赵区域的划分应当以今黄河为它的南界，以太行山和燕山山脉是燕赵区域的西界和北界。它是一种以汉民族为主体的文化。燕赵文化是一种典型。在漫长的历史转变中，燕赵文化甚至比处在核心位置上的中原文化、齐鲁文化更具典型。

■闯关东人物塑像

闯关东艺术雕塑

评戏 也叫评剧，我国影响较大的地方剧种之一，起源于河北唐山，流行于华北、东北及其他一些地区。评剧以唱工见长，吐字清楚，唱词浅显易懂，演唱明白如诉，生活气息浓厚，有亲切的民间味道。

关东官话 通行于东北地区，即辽宁、吉林、黑龙江和内蒙古大部的一种官话方言。关东官话里，古入声的清音声母字今分归阴平、阳平、上声和去声，而且并无明显规律。

观念、经济行为等各方面开始融合。

从语言说，这些中原移民在关东地区和当地的原住民融合，逐渐产生东北民系，而他们说的中原汉语也吸收当地的满语、蒙古语等原住民语言成分，产生了关东官话。东北方言的形成，也是南腔与北调相互融合而产生的一种语言系统。

饮食方面，关东地区的饮食文化最终变成了关东游牧民族和中原传来的饮食文化相互结合的产物。

由于山东人“闯关东”的比较多，所以鲁菜在东北有较大的市场。山东人喜欢吃大葱，他们经常吃“煎饼卷大葱”，“闯关东”后，关东人受此影响也喜欢这么吃，另外，还继承了山东人大葱蘸酱这种饮食习惯。

在娱乐方面，二人转的某些腔调，就是从山东的蹦蹦戏里面借鉴过来的。其唱腔是以东北民歌大秧歌为主，吸取了东北大鼓、莲花落、评戏、山东梆子等曲调。

大秧歌起源于南方，是过去劳动人民插秧或者劳动休息时的一种娱乐形式，和劳动的节奏相伴，舞蹈动作是模仿劳动的姿态，后来人们把它固定化、形式化了。秧歌出现以后，逐渐向北流传，在南方却被舞蹈取代，在北方扎根了。

史料记载，早在康熙年间，关东地区就已经有了“上元日”办秧歌的习俗。至清末，扭大秧歌已经是遍布关东各地的春节娱乐活动。

在地域性格方面，“闯关东”移民文化也孕育了关东人一个豪爽、质朴的地域性格。关东地区地广人稀，生活条件恶劣艰苦，铸就了东北人健壮的体魄和刚健豁达、质朴尚武的性格。同时，“闯关东”开拓者的勇气和胆略，也极大地影响到了关东人，使其形成了开拓进取、重情重义、质朴豪爽、乐于助人等性格。

闯关东的山东人、河北人以及山西人在关东地区开设了很多商铺。如山东人在沈阳城创办了老天合丝房、吉顺丝房；河北人开设了

热情洋溢的东北秧歌

绸缎庄蜡像

广生堂药房、老久华洗染店；山西人开的天益堂药房等。

老天合丝房是沈阳城最早的百货公司。因为清朝满族、锡伯族等族的妇女都喜爱手工刺绣，如在衣袖、枕头顶、鞋面、荷包等物件上刺绣，所以绣花用的丝线就成为当时的抢手货。可那时沈阳没有生产丝线的作坊，全靠小商贩从山东等地背包运来。

1676年，山东黄县人单文利和单文兴兄弟两人从山东来到盛京城走街串巷，叫卖丝线，因为生意红火，就创办了老天合丝房，兼营布匹百货。

从此，城内丝房也如雨后春笋般兴起来了，包括1925年建起的西式五层大楼的吉顺丝房，一时形成“天”、“兴”、“吉”、“洪”、“裕”、“谦”六大号丝房，创建者都是山东黄县人，俗称“黄县帮”。

山西铁匠武贵亮从小家贫，20岁时“闯关东”谋生，因身上钱财用尽，被困在沈阳一家客店中。经人指点进深山老林中挖人参，一次挖到一个八两重的“人参娃娃”，渐渐发财。

住店的店主于是将女儿许配给他。武贵亮有钱后在沈阳城修宅第、买田产，并在各地办起烧锅、当铺、绸缎庄、杂货店、药铺等21处生意，其中始建于1824年的天益堂，在当时是沈阳城最大的药房。

“闯关东”这段历史被保留在很多东北民间故事中,许多故事中在传达着大量的关于山东移民的信息，如他们因贫困而被迫离开家园，来到东北挖参，他们勤劳的本性和浓浓的思乡之情，以及老乡们相互帮扶的传统美德。

在众多反映山东移民的民间故事中，最具代表性的莫过于《秃尾巴老李的故事》。秃尾巴老李的故事在东北地区广泛流传，却拥有不同的版本。

最具代表性的一种传说是：山东有户姓李的人家，没有子女。有一天，女主人去河边洗衣裳，因感而孕。过了三年，生下一条小黑龙。妻子当场被吓死过去。

李老汉摸了一把镰刀向小龙砍去,小龙尾巴被削去后窜出屋外，头朝着小屋点了三下，向爹娘拜别后驾云而逃，向着东北方飘去。它化作人形，到一个大财主家打长工。

财主有个貌美如花的哑巴女儿，见到秃尾巴老李就开口说了话。财主把女儿嫁给了秃尾巴老李。一年，山东大旱，秃尾巴老李不忍心看百姓受苦，就私自下了一场大雨，得罪了玉皇大帝。

玉皇大帝派了一条白龙来捉拿秃尾巴老李，两条龙从山东打到东北，打了三天三夜，还是不分胜负。第四天，秃尾巴老李托梦给他媳妇，让她在农历六月初三，把山东老乡邀集在一起，准备一些生石灰帮他打架。

当铺老板艺术铜像

山东老乡为了报恩，不辞辛苦跑到东北，到了六月初三这天，两条龙又打起来了，江水浑浊，天昏地暗，山东老乡就把生石灰扔进江里，结果两条龙同归于尽。

人们为了纪念秃尾巴老李，便把这条江叫作“黑龙江”。

闯关东是我国一种独特历史文化现象，它体现出一种“闯关东精神”。“闯关东精神”内涵丰富，是一种勇于开拓的精神，是一种百折不挠、自强不息、艰苦创业的精神，还是一种豁达包容、重义守信的精神。

“闯关东精神”和关东文化是中华民族精神和优秀文化的重要组成部分，是具有典型关东地域特征的创业精神和创业文化。

它来源于雄浑厚重的中原文化与粗犷豪放的北方文化的长期融合浸染，深深地植根于关东的黑土地，它的影响早已突破了关东地区，是中华民族宝贵精神财富和文化财富。

阅读链接

关东地区流传着这样一条谚语：人帮人，亲上亲。这是关东地区重要地域文化的一个总结，这是“闯关东”人留下的性格形态的基础。

因为“闯关东”者投奔的往往是邻居、朋友或乡亲，特别是后来“闯关东”的人。由于双方处于同一境地中，这使得在当时还属于荒凉之地的关东地区需要人的时候以最大的热情接纳了他们，而“闯关东”者实现了落脚的希望，这是一种相互的希望和企盼。

与此同时，中原文化中的“义”又起到了至关重要的作用，“滴水之恩当涌泉相报”的思想，使得后来“闯关”者对先期到达关东地区并开荒占草又接纳了他们的人表示出无比的感恩之心。

这样，一种奇特的理论出现了——有血缘关系的人反而不如同乡、同行信得过，这种实践观念促使中原人越来越习惯于遵守接触同乡和朋友的观念，这种观念也为东北人性格的最终成型打下了深厚的基础。

中华精神家园书系

建筑古蕴

壮丽皇宫：三大故宫的建筑壮景
宫殿怀古：古风犹存的历代华宫
古都遗韵：古都的厚重历史遗韵
千古都城：三大古都的千古传奇
王府胜景：北京著名王府的景致
府衙古影：古代府衙的历史遗风
古城底蕴：十大古城的历史风貌
古镇奇葩：物宝天华的古镇奇观
古村佳境：人杰地灵的千年古村
经典民居：精华浓缩的最美民居

古建之魂

千年名刹：享誉中外的佛教寺院
天下四绝：佛教的海内四大名刹
皇家寺院：御赐美名的著名古刹
寺院奇观：独特文化底蕴的名刹
京城宝刹：北京内外八刹与三山
道观杰作：道教的十大著名宫观
古塔瑰宝：无上玄机的魅力古塔
宝塔珍品：巧夺天工的非常古塔
千古祭庙：历代帝王庙与名臣庙

古建涵蕴

天下祭坛：北京祭坛的绝妙密码
祭祀庙宇：香火旺盛的各地神庙
绵延祠庙：传奇神人的祭祀圣殿
至圣尊崇：文化浓厚的孔孟祭地
人间天宫：非凡造诣的妈祖庙宇
祠庙典范：最具人文特色的祭祠
绝代王陵：气势恢宏的帝王陵园
王陵雄风：空前绝后的地下城堡
大宅揽胜：宏大气派的大户宅第
古街韵味：古色古香的千年古街

古建风雅

皇家御苑：非凡胜景的皇家园林
非凡胜景：北京著名的皇家园林
园林精粹：苏州园林特色与名园
秀美园林：江南园林特色与名园
园林千姿：岭南园林特色与名园
雄丽之园：北方园林特色与名园
亭台情趣：迷人的典型精品古建
楼阁雅韵：神圣典雅的古建象征
三大名楼：文人雅士的汇聚之所
古建古风：中国古典建筑与标志

文化遗迹

远古人类：中国最早猿人及遗址
原始文化：新石器时代文化遗址
王朝遗韵：历代都城与王城遗址
考古遗珍：中国的十大考古发现
陵墓遗存：古代陵墓与出土文物
石窟奇观：著名石窟与不朽艺术
石刻神工：古代石刻与文化艺术
岩画古韵：古代岩画与艺术特色
家居古风：古代建材与家居艺术
古道依稀：古代商贸通道与交通

物宝天华

青铜时代：青铜文化与艺术特色
玉石之国：玉器文化与艺术特色
陶器寻古：陶器文化与艺术特色
瓷器故乡：瓷器文化与艺术特色
金银生辉：金银文化与艺术特色
珐琅精工：珐琅器与文化之特色
琉璃古风：琉璃器与文化之特色
天然大漆：漆器文化与艺术特色
天然珍宝：珍珠宝石与艺术特色
天下奇石：赏石文化与艺术特色

古迹奇观

玉宇琼楼：分布全国的古建筑群
城楼古景：雄伟壮丽的古代城楼
历史开关：千年古城墙与古城门
长城纵览：古代浩大的防御工程
长城关隘：万里长城的著名关卡
雄关漫道：北方的著名古代关隘
千古要塞：南方的著名古代关隘
桥的国度：穿越古今的著名桥梁
古桥天姿：千姿百态的古桥艺术
水利古貌：古代水利工程与遗迹

山水灵性

母亲之河：黄河文明与历史渊源
中华巨龙：长江文明与历史渊源
江河之美：著名江河的文化源流
水韵雅趣：湖泊泉瀑与历史文化
东岳西岳：泰山华山与历史文化
五岳名山：恒山衡山嵩山的文化
三山美名：三山美景与历史文化
佛教名山：佛教名山的文化流芳
道教名山：道教名山的文化流芳
天下奇山：名山奇迹与文化内涵

自然遗产

天地厚礼：中国的世界自然遗产
地理恩赐：地质蕴含之美与价值
绝美景色：国家综合自然风景区
地质奇观：国家自然地质风景区
无限美景：国家自然山水风景区
自然名胜：国家自然名胜风景区
天然生态：国家综合自然保护区
动物乐园：国家动物自然保护区
植物王国：国家保护的野生植物
森林景观：国家森林公园大博览

西部沃土

古朴秦川：三秦文化特色与形态
龙兴之地：汉水文化特色与形态
塞外江南：陇右文化特色与形态
人类敦煌：敦煌文化特色与形态
巴山风情：巴渝文化特色与形态
天府之国：蜀文化的特色与形态
黔风贵韵：黔贵文化特色与形态
七彩云南：滇云文化特色与形态
八桂山水：八桂文化特色与形态
草原牧歌：草原文化特色与形态

东部风情

燕赵悲歌：燕赵文化特色与形态
齐鲁儒风：齐鲁文化特色与形态
吴越人家：吴越文化特色与形态
两淮之风：两淮文化特色与形态
八闽魅力：福建文化特色与形态
客家风采：客家文化特色与形态
岭南灵秀：岭南文化特色与形态
潮汕之根：潮州文化特色与形态
滨海风光：琼州文化特色与形态
宝岛台湾：台湾文化特色与形态

中部之魂

三晋大地：三晋文化特色与形态
华夏之中：中原文化特色与形态
陈楚风韵：陈楚文化特色与形态
地方显学：徽州文化特色与形态
形胜之区：江西文化特色与形态
淳朴湖湘：湖湘文化特色与形态
神秘湘西：湘西文化特色与形态
瑰丽楚地：荆楚文化特色与形态
秦淮画卷：秦淮文化特色与形态
冰雪关东：关东文化特色与形态

节庆习俗

普天同庆：春节习俗与文化内涵
张灯结彩：元宵习俗与彩灯文化
寄托哀思：清明祭祀与寒食习俗
粽情端午：端午节与赛龙舟习俗
浪漫佳期：七夕节俗与妇女乞巧
花好月圆：中秋节俗与赏月之风
九九踏秋：重阳节俗与登高赏菊
千秋佳节：传统节日与文化内涵
民族盛典：少数民族节日与内涵
百姓聚欢：庙会活动与赶集习俗

民风根源

血缘脉系：家族家谱与家庭文化
万姓之根：姓氏与名字号及称谓
生之由来：生庚生肖与寿诞礼俗
婚事礼俗：嫁娶礼俗与结婚喜庆
人生遵俗：人生处世与礼俗文化
幸福美满：福禄寿喜与五福临门
礼仪之邦：古代礼制与礼仪文化
祭祀庆典：传统祭典与祭祀礼俗
山水相依：依山傍水的居住文化

衣食天下

衣冠楚楚：服装艺术与文化内涵
凤冠霞帔：佩饰艺术与文化内涵
丝绸锦缎：古代纺织精品与布艺
绣美中华：刺绣文化与四大名绣
以食为天：饮食历史与筷子文化
美食中国：八大菜系与文化内涵
中国酒道：酒历史酒文化的特色
酒香千年：酿酒遗址与传统名酒
茶道风雅：茶历史茶文化的特色

国风美术

丹青史话：绘画历史演变与内涵
国画风采：绘画方法体系与类别
独特画派：著名绘画流派与特色
国画瑰宝：传世名画的绝色魅力
国风长卷：传世名画的大美风采
艺术之根：民间剪纸与民间年画
影视鼻祖：民间皮影戏与木偶戏
国粹书法：书法历史与艺术内涵
翰墨飘香：著名书法名作与艺术
行书天下：著名行书精品与艺术

汉语之魂

汉语源流：汉字汉语与文章体类
文学经典：文学评论与作品选集
古老哲学：哲学流派与经典著作
史册汗青：历史典籍与文化内涵
统御之道：政论专著与文化内涵
兵家韬略：兵法谋略与文化内涵
文苑集成：古代文献与经典专著
经传宝典：古代经传与文化内涵
曲苑音坛：曲艺说唱项目与艺术
曲艺奇葩：曲艺伴奏项目与艺术

博大文学

神话魅力：神话传说与文化内涵
民间相传：民间传说与文化内涵
英雄赞歌：四大英雄史诗与内涵
灿烂散文：散文历史与艺术特色
诗的国度：诗的历史与艺术特色
词苑漫步：词的历史与艺术特色
散曲奇葩：散曲历史与艺术特色
小说源流：小说历史与艺术特色
小说经典：著名古典小说的魅力